Sergio Segantini

Dormi dormi piccolino

Come aiutare il bambino a dormire bene

GIUNTI DEMETRA

A Laura
e alle "notti bianche"
passate insieme

www.giunti.it

Via Bolognese 165 - 50139 Firenze - Italia
Via Dante 4 - 20121 Milano - Italia
Prima edizione: gennaio 2006 con il titolo *Le notti bianche*

Ristampa	Anno
6 5 4 3 2 1 0	2013 2012 2011 2010

Stampato presso Giunti Industrie Grafiche S.p.A. - Stabilimento di Prato

Dalla parte delle mamme

L'eternità è un bambino che gioca,
la felicità è un bambino che dorme.

Un mondo di bambini insonni! A quale genitore non è mai capitato di trascorrere ore con gli occhi spalancati per accompagnare le veglie notturne del proprio piccolo e poi non trovare più il modo di riprendere il sonno? E il giorno dopo? E tutti i giorni a seguire, le notti insonni passate a cullare, ninnare, canticchiare andando a ripescare tutti i motivi più languidi e ripetitivi riposti nella tua antica memoria?

Il giorno dopo è sempre più lungo e oneroso, i tuoi ritmi quotidiani dipendono ormai unicamente dalle esigenze del tuo bimbo. Non vedi l'ora di tornare a letto, da sola, di recuperare le ore di sonno perdute, calcoli ogni occasione per poterlo fare. Non vedi l'ora che il tuo piccolo si addormenti per riuscire a rubare un po' di tempo alla vita, sempre con la precisa sensazione di non potercela fare.

Se è vero che l'insonnia colpisce di più le donne rispetto agli uomini, uno dei motivi statisticamente predominanti in questo dato riguarda proprio la prevalenza femminile nelle levatacce notturne fin dai primi giorni di vita del bimbo che va generosamente nutrito anche nelle ore di notte fonda.

E poi si parla di depressione post partum: ma chi non si deprimerebbe dopo un parto che resta pur sempre un evento la cui violenza e durezza solo chi ha provato può conoscere; chi non si deprimerebbe nel vedersi trasformata fisicamente e nel non riconoscersi allo specchio, specie se di profilo (tranne le poche fortunate dalla costituzione snella e "adatta"), alla vista di una pancia irriconoscibile e di un seno supersonico pesante trenta chili...

La sensazione fissa, angosciosa e ineluttabile è quella di sentire che nulla tornerà più come prima, mentre tuo marito, dopo i primi giorni di grande scompiglio e coinvolgimento, tornerà a occupare il suo ruolo ordinario di gran lavoratore per lo più assente. La notte diventa solo tua (e del tuo piccolo); tuo marito poverino ha già lavorato tutto il santo giorno e appena appoggia la testa sul cuscino non si muove più.

Ma il bimbo è un amore, un'emozione cosmica che ti ripaga di tutte le difficoltà. Con lui comunichi in continuazione, come non hai fatto mai con nessuno, e poi ti guarda con l'occhio innamorato e ti riconosce già: tu sei la sua mamma e lui vive di te, giorno *e notte*.

Anche al buio ti cerca e ti trova, sente il tuo seno e poppa tutto quello c'è dentro, e tu glielo dai con amore infinito. Poi alla fine lo sposti e lui continua a emettere continui gorgoglii gastrointestinali che t'inteneriscono, ma che ti tengono sommessamente e teneramente desta fino alla prossima poppata: oramai hai imparato a riconoscere bene il pianto "da fame" del tuo bambino.

I mesi passano e le cose non cambiano.

Mio figlio è sano, cresce bene, è una bellezza, ma dorme ancora meno di prima, la notte ha mal di pancia e piange ininterrottamente anche per un'ora. Lo massaggio a lungo e mentre tutto il resto del mondo si riposa non vedo l'ora che si riaddormenti ma questo succede in tempi sempre più imprevedibili. Forse sono io che soffro in modo particolare e non riesco a adattarmi. Dovrei essere contenta, tutto va bene, e invece mi sento triste e sola. Sono diventata lenta nel fare le faccende di casa, non riesco a trovare tempo per la lettura, non riesco neanche a concentrarmi.

Vorrei chiedere aiuto ma le persone che mi sono vicino vogliono fare tutto di testa loro, invadono il mio spazio e mi irritano. Chiedo alle amiche che hanno avuto figli: «Ma anche a voi è successo questo?». In modo diverso tutte dicono di sì, ma questo non mi conforta perché sento che c'è qualcosa che non va in me, come è possibile che mi senta così male? Com'è possibile che voglia solo scappare di casa e non veda l'ora di tornare al lavoro?

Se il nuovo nato ha fratelli che vivono in casa la situazione notturna si complica ulteriormente. Il fratellino maggiore, colto da irrefrenabile gelosia e possessività nei confronti della madre, la reclama in continuazione e vorrebbe sopprimere l'intruso senza indugio. Scarica la sua rabbia in modo viscerale e la notte diventa sempre più il crocevia delle emozioni represse, con il supplemento del cambio delle lenzuola bagnate: l'accompagnamento serotino al bagno, anche se ripristinato coscienziosamente, non basta più...

- ❏ La sospensione del sonno può essere una forma di tortura.

- ❏ Se non dormiamo a sufficienza siamo più vulnerabili di fronte alle malattie da raffreddamento.

- ❏ Il sistema immunitario si indebolisce e predispone anche a malattie croniche.

- ❏ L'umore si incupisce, l'irritabilità aumenta, perdi il senso dell'umorismo e l'ironia.

- ❏ Le capacità intellettuali calano in proporzione alle ore di sonno perdute.

Anche se le attività di accudimento appaiono piuttosto semplici (allattare, cambiare il pannolino, cullare e così via) molte mamme affermano di non aver mai vissuto, neanche durante i periodi di lavoro più duri, le stesse condizioni richieste da un neonato.

Tuo figlio piange e non sai mai perché, forse per metterti di fronte ai tuoi limiti?Non riesci a calmarlo e la stanchezza ti priva di lucidità. Ma le difficoltà che provi non sono dovute solo alle tante notti passate in bianco, quanto piuttosto alla devozione costante che ti viene richiesta, al sacrificio continuo (e spesso non riconosciuto), alla fatica fisica e alla perdita di energie dovuta all'allattamento.

La maternità è faticosa perché ti priva del sonno e dei sogni, ti risucchia i pensieri, ti assorbe completamente e non puoi più fare nulla senza essere interrotta. Hai solo voglia di essere lasciata in pace finché arriva tuo marito che ti accusa di essere sempre stanca e di cattivo umore, e pretende da te leggerezza, compostezza, ordine...

Parte prima

Il sonno dei bambini

Quanto e come dormono i bambini

Gli aspetti fisiologici

Le intime ragioni del sonno sono tuttora poco chiare. Ma perché se ne sa così poco?

Quella del sonno in realtà è una "scienza" relativamente giovane, in quanto risale agli anni Sessanta. I primi rilevamenti strumentali di una certa importanza furono effettuati attraverso l'elettroencefalogramma e il dottor William Dement di Chicago fu il primo ad associare a determinate fasi del sonno dei movimenti oculari caratteristici.

Tali movimenti, denominati Rem (Rapid Eyes Movements), si presentano in brevi sequenze, dalle quattro alle sei volte per notte ogni novanta minuti circa e caratterizzano un sonno "attivo". Rispetto agli adulti, tuttavia, nei neonati il sonno Rem si ripete più frequentemente, sembra ogni sessanta minuti circa. Nei primi mesi, poi, non soltanto il sonno Rem è più prolungato, ma gli stadi del sonno non-Rem non sono ancora ben sviluppati. A livello generale il sonno Rem è accompagnato da atonia (rilassatezza) muscolare, nonostante che proprio alla fase Rem sia associata una certa attività onirica. Se il sogno è particolarmente vivido e impegnativo, o se vi si ritrovano contenuti ansiosi, appare invece tensione muscolare e rigidità.

La profondità del sonno sembrerebbe proporzionale alla durata della veglia che lo precede: ovvero quanto più a lungo siamo stati svegli tanto più dormiamo profondamente e con continuità.

Anche questo dato, però, è stato osservato per lo più nell'adulto; nel bambino invece una veglia prolungata o uno stato di eccitazione che precede la nanna sono il preludio a difficoltà nell'addormentamento e spesso a un sonno agitato. In ogni modo la frammentazione del sonno e i risvegli frequenti causati dalla fame non producono nel neonato gli stessi disagi che nell'adulto; anzi per lui rappresentano un aspetto vitale e la normalità.

La quantità di sonno necessaria cala gradatamente con il passare del tempo. Nel neonato di pochi giorni, per esempio, è di circa 16-17 ore complessive distribuite nell'arco delle 24 ore. E così come il peso incrementa rapidamente e dopo il calo ponderale del neonato arriverà a raddoppiare nel giro di tre mesi circa, anche le ore di riposo saranno soggette a grandi variazioni nei primi mesi di vita.

Durata media del sonno diurno

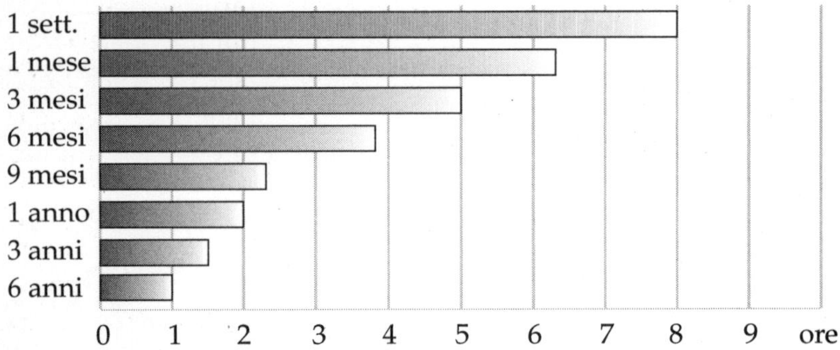

Durata media del sonno diurno

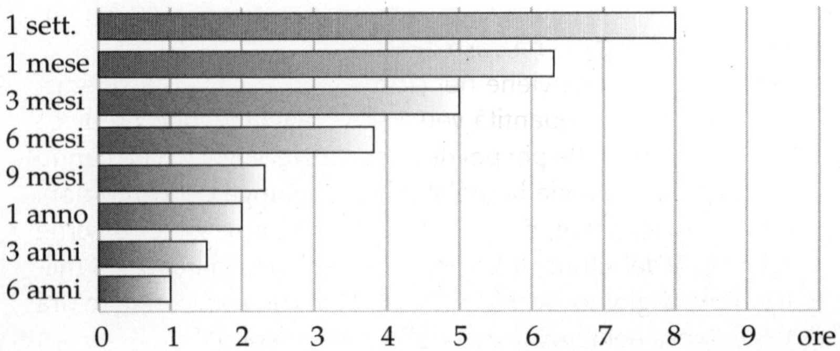

Guardando il modo in cui i ritmi del sonno cambiano, si nota come nei primi tempi di vita il sonno sia equamente diviso tra notte e giorno; è proprio questo elemento a scombinare le aspettative dei genitori che generalmente si aspettano di dormire delle nottate intere... come sempre.

Anche in seguito però, il bambino che non avrà orari, o che affronterà la notte in uno stato d'eccitazione, manifesterà più facilmente risvegli notturni e uno stato di nervosismo specie al risveglio.

Il sonno è considerato una funzione fisiologica di base, con delle caratteristiche proprie che riguardano la sfera neurologica. Sappiamo che una mancanza totale di sonno può produrre danni anche letali in minor tempo rispetto alla privazione del nutrimento. Nell'uomo in particolare la privazione del sonno anche episodica produce uno stato d'astenia, irritabilità, deficit di memoria e di concentrazione, che rapidamente scompaiono dopo una buona dormita. Anche i bambini manifestano sintomi simili se il sonno non è tranquillo: spesso alla base di uno stato di nervosismo del bambino c'è anche un sonno non riposante. Gli organismi sottoposti a un alterato ritmo fra sonno e veglia sono particolarmente esposti a questi problemi con un relativo coinvolgimento ipotalamo-ipofisario che influenza diversi ormoni tra cui il più importante è la melatonina.

- A PROPOSITO DI MELATONINA -

La melatonina è un ormone prodotto dall'epifisi e ha come precursore il triptofano, un aminoacido che influenza l'attività della serotonina e della dopamina, due fra i neuromediatori più importanti del sistema nervoso centrale.

La melatonina interviene nel ciclo sonno/veglia ed è sintetizzata in maggiore quantità verso sera, raggiungendo un picco verso la mezzanotte per poi decrescere. Nei soggetti che hanno problemi di insonnia la melatonina raggiunge concentrazioni ematiche più basse; da qui il suo utilizzo farmacologico come regolatore del sonno. Il dosaggio di solito oscilla fra i 2 e 3 milligrammi al giorno, anche se a volte basta una dose minore (fra 0,5 e 1 mg) per raggiungere l'effetto desiderato.

Sembra inoltre che la melatonina grazie al suo potere antiossidante sia in grado di proteggere il sistema nervoso dall'attacco dei radicali liberi che accelerano i processi di invecchiamento e di degenerazione cellulare.
L'uso della melatonina favorisce il sistema immunitario nei casi in cui ci siano processi tumorali anche avanzati. Gli effetti indesiderati più comuni sono la cefalea e le alternanze di umore con tendenza alla depressione.
La serotonina, che è collegata con la melatonina, è un mediatore coinvolto nei meccanismi depressivi e molti farmaci antidepressivi in commercio la antagonizzano.
Attenzione, quindi, ad usarla senza le dovute cautele. Soprattutto, bisogna ricordare che nei bambini la melatonina non è stata adeguatamente sperimentata, ed è quindi sconsigliata.

Il ritmo sonno/veglia

La bontà del sonno è particolarmente correlata con la vita emotiva: è sufficiente un'ansia, una preoccupazione, un disagio anche lieve per alterare il sonno e se tale situazione persiste può produrre una problematica molto fastidiosa e prolungata. Le statistiche evidenziano che in Italia almeno un quarto della popolazione denuncia seri problemi di insonnia o comunque di sonno non riposante.
Il bioritmo naturale (il cosiddetto ritmo circadiano) che contempla nell'adulto un sonno tranquillo e riposante della durata media di otto ore, si può rapidamente alterare con l'insorgenza di una condizione ansiosa.
Nel bambino questo ritmo viene a manifestarsi solo con il passare del tempo e con il progressivo strutturarsi delle sue esigenze affettive e protettive da parte dei componenti famigliari, anche se la maggior parte dei casi di insonnia nel bambino, specie se neonato, si verificano per condizioni morbose o per disagi fisici.
Il bioritmo naturale sonno/veglia è comunque ancora sotto esame e rappresenta un ricco campo di indagine in ambito neurofisiologico e psicologico, così come molte delle funzioni a carico dell'epifisi e dell'ipotalamo (due ghiandole cui è demandato il controllo del ritmo sonno/veglia e dei bioritmi) non

sono a tutt'oggi completamente spiegabili e descrivibili secondo un modello scientifico.

Esistono peraltro situazioni in cui a un cambiamento sostanziale del bioritmo non corrisponde una condizione patologica o un disagio. Per esempio nella biografia di Leonardo da Vinci viene riportata l'alternanza che l'artista aveva tra sonno e veglia della durata di novanta minuti sia di giorno che di notte: non ci risulta che questo abbia influito negativamente sulle sue capacità mentali o creative.

Esperimenti in cui uomini volontari hanno passato dei lunghi periodi vivendo in grotte senza la possibilità di quantificare il tempo che passa, hanno evidenziato un allungamento del ritmo circadiano fino ad arrivare a una giornata della durata intorno alle 30-36 ore, e un sonno intermittente e a volte più prolungato delle canoniche otto ore. Bisogna però ricordare che in esperimenti come questi esistono anche variabili psicologiche legate a una vita artificiale e forzata e all'isolamento che non è sicuramente una condizione ottimale per la vita umana.

❑ **Anche i bambini sono condizionati nel ritmo sonno/veglia dalla presenza della luce del sole. In estate infatti tendono spontaneamente ad addormentarsi più tardi.**

❑ **Anche nei bambini la bontà del sonno dipende fondamentalmente dall'equilibrio della vita emotiva.**

Popolare presidente italiano: «Io sono in pace con me stesso e la notte dormo come un neonato».
Noto comico toscano: «Sì, si sveglia ogni due ore, piange e chiama la mamma».

Il sonno del neonato

Abbiamo già accennato che il bioritmo dei bambini è diverso da quello degli adulti e che i bambini hanno maggiore bisogno di sonno Rem rispetto agli adulti.

I primi mesi di vita sono il periodo più delicato perché i tempi di risveglio vengono determinati dalla fame a prescindere o quasi dall'alternanza fra il giorno e la notte. Il lattante infatti presenta dei tempi di addormentamento legati essenzialmente all'assunzione del latte.

La registrazione dei movimenti fetali indica del resto già nella vita prenatale una ciclicità in cui si possono riconoscere fasi alterne di attività e di riposo. Anche se non tutti i lattanti hanno gli stessi tempi, la maggior parte di loro non dorme più di tre o quattro ore di seguito senza poppare.

I genitori avranno notato tuttavia come la prima notte il neonato dorma profondamente e senza interruzioni. In realtà la sua vita notturna non è ancora iniziata... In seguito si assisterà a un rapido decremento delle ore di sonno diurno e a un incremento del sonno notturno (si veda il grafico a pagina 12).

Comunque fin dai primi giorni il neonato inizia a "sentire" la notte a condizione che:

- ❑ **si cerchi di mantenere un ritmo costante sonno/veglia;**
- ❑ **vi sia abbastanza buio;**
- ❑ **non ci siano rumori molesti;**
- ❑ **i genitori non siano troppo agitati intorno a lui;**
- ❑ **il bimbo sia in uno stato fisiologico (cioè non presenti disturbi o patologie).**

In questo caso nel neonato gli intervalli tra una poppata e l'altra si diradano progressivamente, e il sonno diventa più profondo; anche nel bambino più cresciutello, dopo il sesto mese, se questi semplici accorgimenti vengono applicati si otterranno condizioni migliori per un sonno tranquillo.

Il risveglio nel neonato dipende da una serie di cause endogene e dai suoi bisogni primitivi (fame, bioritmi diversi e così via...) piuttosto che da cause esterne: fino a sei mesi e oltre i neonati possono dormire tranquillamente in situazioni collettive con voci o musiche forti, anzi a volte prediligono proprio queste situazioni; anche elettrodomestici rumorosi possono essere compatibili con un sonno profondo specie se il bambino è in contatto fisico con un genitore.

Tenete presente che esistono comunque dei momenti critici che coinvolgono la madre e il neonato nel primo periodo di vita. Si verificano quasi sempre anche se non sistematicamente, possono variare molto da caso a caso e possono coinvolgere la regolarità del ritmo sonno/veglia.

- ❑ 3° giorno: montata lattea, il tasso di prolattina è alto, il bambino deve succhiare, il seno diventa duro e turgido;
- ❑ 7° giorno: il bimbo è più agitato;
- ❑ 14° giorno: può apparire una leggera eruzione e nervosismo;
- ❑ 21° e 28° giorno: madre e bimbo più nervosi o a disagio;
- ❑ 40° giorno, termina il puerperio: la prima grande crescita.

I risvegli: cause endogene

Il neonato comunica tramite meccanismi primari corporei ed emozionali, e si esprime per lo più con il pianto. Le reazioni a un disagio interno sono molto variabili da soggetto a soggetto, così come la durata e la consistenza del pianto.

La fame è la prima causa di risveglio notturno e in genere la madre riconosce immediatamente il timbro della voce del proprio piccolo. La madre viene messa nella possibilità di rispondere ai bisogni del bimbo attraverso l'allattamento; e qui si nasconde un primo "rischio" piuttosto frequente. Quella dell'allattamento è una risposta che si può estendere a ogni richiesta del figlio, fino ad arrivare a non avere più dei veri intervalli tra una poppata e l'altra, in un "continuum" poppatorio che interferisce con la qualità del sonno di entrambi.

Se la madre riesce a riconoscere tale atteggiamento come eccessivo, così come il protrarsi dell'allattamento "sine die", si può creare un distacco più consapevole. In caso contrario questa situazione si può prolungare fino a tempi anche assurdi e indeterminati.

- ❑ La madre può vivere la fine dell'allattamento come la fine stessa della maternità e perciò sentire di non essere più necessaria e indispensabile per la continuazione della vita famigliare.

Con il primo figlio generalmente la madre è molto più insicura riguardo alla frequenza della poppata e alla quantità di latte presa dal bambino. In seguito l'esperienza aiuta e darà maggior conforto per tutte le attitudini di accudimento, compreso l'allattamento notturno. Ma proprio per questo gli equilibri saranno sicuramente più delicati e dipendenti dallo stato d'animo della madre e dalle sue sicurezze.

Una situazione frequente di perturbazione del sonno del lattante la troviamo nella dentizione. La dentizione può avvenire anche in maniera precoce verso il quarto o quinto mese di vita, quando iniziano a sbucare gli incisivi inferiori; più comunemente arriva verso il nono-decimo mese, quasi sempre accompagnata da una perturbazione del sonno.

Non di rado in coincidenza con lo spuntare dei primi denti si osservano rialzi febbrili e/o problemi intestinali, con emissione di feci frequenti e più liquide del solito. Le gengive rosse, pruriginose e gonfie, e l'ipersalivazione si notano frequentemente in queste situazioni e preannunciano anche con molto anticipo l'arrivo del dente, accompagnando un sonno agitato.

In questo periodo il bambino sarà più spesso insonne, e presenterà agitazione, pianto e stati di irritabilità generali dovuti al dolore dei denti che si espandono nelle gengive. In certi casi i risvegli notturni dovuti alla dentizione hanno bisogno di misure consolatorie e potrebbero intensificarsi gli stati di angoscia che si possono placare aumentando la vicinanza dei genitori.

❑ Dentizione provvisoria
4°-11° mese: incisivi centrali inferiori
5°-12° mese: incisivi centrali superiori
6°-14° mese: incisivi laterali inferiori e superiori
12°-18° mese: primi molari
18°-26° mese: canini
24°-32° mese: secondi molari

❑ Dentizione permanente
6-7 anni: primi incisivi e primi molari
8-9 anni: secondi incisivi
9-11 anni: canini
10-11 anni: premolari
11-12 anni: secondi premolari
12-13 anni: secondi molari

Molti pediatri nel caso dei dolori gengivali consigliano l'uso di analgesici ma personalmente ho notato che usare farmaci nei bambini piccoli va attentamente valutato e preferisco l'uso di rimedi del genere solo nei casi più impegnativi.

❑ **Ricordate che i neonati hanno una capacità illimitata di avanzare richieste.**

E ricordate anche che già dalle prime settimane di vita alcuni neonati piangono perché hanno bisogno di compagnia e si annoiano da soli.

I risvegli: cause esogene

Una temperatura o una climatizzazione non adatte della stanza del neonato sono cause piuttosto frequenti di agitazione notturna. E questo accade particolarmente con i neonati piccoli o prematuri, che hanno una termoregolazione ancora deficitaria e necessitano di una certa attenzione riguardo alla climatizzazione.

Come regola generale la temperatura della stanza dovrebbe essere costante per evitare rischi di raffreddamento, ma si deve tenere ben presente che un calore eccessivo può portare facilmente alla disidratazione e a un importante calo ponderale nei primi giorni di vita, soprattutto se la madre ha una montata lattea un po' "lenta".

Nel corso degli anni ho notato che i neonati sono spesso troppo coperti, e in inverno, se il riscaldamento è troppo alto, diventano più vulnerabili e sono soggetti specialmente a problemi respiratori. Ovviamente anche il clima, l'umidità, l'inquinamento circostante sono tutti fattori importanti affinché le mucose del bambino mantengano una umidificazione fisiologica e siano più o meno vulnerabili all'aggressione dei batteri e dei virus. Una situazione che combina riscaldamento più inquinamento, senza umidificazione e con una umidità relativa troppo bassa (al di sotto del 40-50%), è facilmente causa di infiammazioni acute e croniche (faringiti, riniti, bronchiti...).

Diverse sostanze che si trovano nell'aria in concentrazioni anomale possono inoltre contribuire a irritazioni delle mucose.

Evitate quindi per quanto più possibile il contatto con eventuali inquinanti.

❏ **Il fumo di sigaretta può essere altamente dannoso per un neonato e favorire problemi respiratori anche seri.**

❏ Arieggiate spesso l'ambiente: l'utilizzo di sostanze naturali deionizzanti dell'aria e l'uso di umidificatori possono rivelarsi utili per mantenere l'aria più pulita.

In particolare l'umidificatore può essere utile quando il bambino soffre di tossi secche e in particolare nel corso di crisi di laringospasmo; attenzione però a non usare troppi additivi nell'umidificatore, in particolare oli essenziali; alcuni di loro infatti, come l'eucalipto, possono creare a volte irritazione delle mucose di un bambino. Anche un eccesso di umidità può essere fonte di frequenti problemi catarrali e il proliferare di muffe e acari può essere fonte di sintomi a carattere allergico. Vivere in luoghi particolarmente umidi o malsani, specie se in pianura, può disturbare la salute e il sonno quantomeno a individui predisposti.

Una disciplina venuta di moda negli ultimi anni in Occidente, il *feng shui*, descrive gli accorgimenti che la tradizione cinese pone nella progettazione e organizzazione dell'ambiente domestico. Trasferiti nelle nostre case, i suoi concetti base possono aiutare a migliorare le condizioni di vita e di conseguenza anche il sonno dei bambini.

Il *feng shui* ha il suo correlato occidentale in una indagine meno filosofica ma più oggettivata che concerne la valutazione dei campi magnetici. I campi magnetici infatti possono interessare anche le camere dei vostri bimbi, perturbando alcune funzioni, tra cui proprio il sonno.

Non solo i grandi ricevitori e le antenne emittenti, ma anche un banale elettrodomestico può produrre un inquinamento di questo tipo e un campo elettromagnetico sfavorevole può contribuire a perturbare il sonno del vostro bambino. È opportuno quindi dormire a distanza da elettrodomestici, computer, televisioni, ma anche la corrente elettrica che corre nei canali sottotraccia dei muri e la presenza di prese elettriche non deve essere sottovalutata. Le aree di "stress geopatico" in cui si combinano le correnti del magnetismo terrestre e quelle artificiali, sono a volte ridotte e basterà spostare il lettino in un punto diverso della stanza per sottrarsi a un campo magnetico fastidioso, che in alcuni soggetti sensibili può produrre tensioni muscolari, irrequietezza notturna e così via.

- **Una bonifica ambientale sarà utile a tutta la famiglia: esistono ora dei criteri di bioarchitettura e di bioambiente che suggeriscono rimedi adeguati alle risorse di ognuno.**

Accanto all'inquinamento chimico dell'aria, per lo più dovuto agli idrocarburi, l'inquinamento elettromagnetico è in continua crescita per il pullulare di antenne e strumenti che emanano campi anche molto intensi, a volte oltrepassando i limiti imposti dalla legge.

- **Un campo elettromagnetico particolarmente intenso può essere causa di un sonno disturbato del bambino. Informatevi se nei pressi della vostra abitazione sono in funzione antenne che producono campi magnetici troppo forti.**

Anche situazioni piuttosto banali come un semplice eritema da pannolino dovuto a evacuazioni abbondanti e acide possono causare un disturbo del sonno. In questi casi è consigliabile l'uso di pannolini non sbiancati artificialmente, almeno per i bambini più vulnerabili, accanto ad applicazioni locali di olio di Calendula per le irritazioni, di una pomata alla Ratania per le ragadi, e a dei bagni con amido di riso che ha una funzione tonica per la pelle.

L'allattamento e il sonno

Esistono delle fasi del sonno in cui il bambino è refrattario al risveglio e altre invece dove il riposo è più leggero: la prevalenza delle fasi di sonno leggero favorisce lo sviluppo neurologico del neonato. La madre percepisce subito il pianto "da fame" del proprio piccolo; a volte invece gli altri risvegli vengono vissuti come un disturbo, il genitore non riesce a capire il perché del pianto e si adopera spesso senza risultato in vari tentativi per calmarlo e riaddormentarlo.

Può essere di conforto spiegare alla madre di un bambino che si sveglia spesso, che questo fatto è di importanza vitale per la sua crescita che viene favorita dai risvegli frequenti.

❑ **I neonati allattati al seno dormono meno di quelli allattati artificialmente, ma dovete tenere a mente che questo viene valutato positivamente nel bilancio della sua crescita neurologica.**

Come è stato oramai ampiamente dimostrato e confermato l'allattamento naturale è qualitativamente superiore a quello artificiale. Ma perché?

Non soltanto il latte materno è specie-specifico (adatto cioè alle esigenze della specie umana) e contiene pertanto le quantità necessarie di grassi, proteine, vitamine, minerali, zuccheri (ovviamente in relazione allo stato fisiologico della madre), ma il latte materno è anche individuo-specifico, cambia cioè di continuo composizione in relazione ai tempi di crescita del bambino e alle sue esigenze nutrizionali. Al contrario i latti vaccini o i latti formulati non contengono sostanze vitali come quelle contenute nel latte materno, mentre il latte in polvere è poco "vitale", e il perché è intuitivo.

Di conseguenza il bambino nutrito artificialmente ha un metabolismo più lento, dorme più pesantemente, ha livelli di colesterolo maggiori, è più spesso stitico (o alterna stitichezza a diarrea), tende all'obesità più facilmente ed è più lento anche nello sviluppo delle funzioni cerebrali.

❑ **La scienza nutrizionale convenzionale non tiene in sufficiente considerazione l'aspetto qualitativo degli alimenti, perché ha una impostazione quantitativa.**

Nella dietetica convenzionale si tengono in considerazione le calorie, e non la natura dei cibi le loro bontà e qualità. Così si può affermare che il latte di mucca è più "ricco" e nutriente solo perché ha più lipidi, più calcio e così via; ma non considera quanto invece sia poco "adatto" al neonato mentre lo è perfettamente al vitello.

Alla nascita il neonato dorme più o meno lo stesso numero di ore di giorno e di notte; progressivamente sarà in grado di percepire le differenze ritmiche e nel giro di tre mesi almeno due terzi del sonno complessivo saranno notturni.

Quando i cicli notturni tra madre e figlio sono armonici l'allattamento notturno è meno stancante. Questo succede più facilmente con la vicinanza fisica. Madre e bambino imparano a considerare il contatto fisico un momento piacevole e si trasmettono reciprocamente sensazioni di benessere.

Se l'allattamento avviene nel "lettone", in particolare, in genere dormono meglio sia i bambini sia le madri. Una armonica intimità tra genitori e figli rappresenta infatti un buon viatico per la futura capacità di comunicazione nella famiglia.

L'eccessivo attaccamento a orsacchiotti e biberon porta invece i bambini ad avere meno dimestichezza con le persone e più con le cose materiali. Coloro i quali pensano che la mamma possa essere sostituita da un orsetto evidentemente hanno qualche problemuccio, anche se vendono tanti libri...

La separazione, poi, può far soffrire sia il bimbo che la madre: alzarsi dal letto e andare in un'altra stanza per allattare e posizionare di nuovo il lattante nella culla può diventare un'operazione disturbante, mentre è stato visto che con il dormire insieme i risvegli e i disturbi notturni calano.

Ma attenzione: non è sempre così: un gesto consueto da parte della madre è per esempio quello di offrire il seno (o il biberon) per fare riaddormentare o calmare il bambino anche quando questi non ha fame.

Alcune mamme assicurano che il piccolo vuole poppare tutta la notte: è il cosiddetto "allattamento maratona". Ora, se è vero che la produzione di latte risponde alle richieste del poppante, è anche vero che una donna non può annientarsi per allattare in maniera indiscriminata il proprio bimbo.

❑ **Se alcuni bimbi amano dormire con il capezzolo della madre in bocca occorre dar loro dei limiti, a volte è meglio lasciarlo piangere piuttosto che stare in una posizione fissa anchilosante per saziare il suo inestinguibile bisogno.**

Spesso l'abitudine di allattare a richiesta indiscriminata

viene protratta a tempo indeterminato, specialmente se ha successo nel far riaddormentare il bambino, e non è infrequente il protrarsi dell'allattamento oltre ogni limite, oppure l'uso continuo di biberon notturni per placare la presunta fame notturna del bimbo già svezzato (una nozione spesso sostenuta dalle case produttrici di latti artificiali).

Dopo il periodo di esogestazione (della durata di nove mesi), il bambino dovrebbe essere aiutato a staccarsi progressivamente dalla madre. A questo punto la funzione dell'allattamento al seno può considerarsi per lo più compiuta e si può interrompere, specie se il bambino diviene meno interessato, anche se portarlo avanti per qualche altro mese può avere ancora una certa utilità, sia psicologica che nutrizionale.

Ogni caso è una storia a sé, dato che non esistono a priori tempi assoluti, ma il protrarsi eccessivo dell'allattamento (per esempio dopo i due anni) può divenire in certi casi un intralcio al processo di indipendenza che il bambino sta attuando, non agevolando il naturale e necessario distacco dalla madre.

Già durante lo svezzamento il bambino viene in contatto con il diverso, con il nuovo; il cibo non proviene più solo dal seno materno o dal biberon, ma arriva dal mondo esterno. Lo svezzamento deve essere fatto al momento opportuno e sarà proprio vostro figlio che ve lo indicherà con un interesse mutato verso i cibi che voi consumate a tavola.

- **Con un allattamento naturale corretto non dovete guardare l'orologio e pesare i grammi di cibo, ma a un certo punto il bambino vi darà il messaggio "sono pronto a passare ad altri gusti".**

In sostanza il bambino si deve sottoporre progressivamente fin da piccolo a una sequenza di svezzamenti più o meno faticosi: il seno materno, il letto dei genitori, il pannolino, il succhiotto e così via.

Alcuni genitori ritardano alcuni di questi passaggi per la paura del distacco, altri invece lo anticipano, e in genere lo fanno per esigenze personali. In ogni caso il distacco ha sempre delle ripercussioni sul sonno del bambino, che rimane influenzato dalla inosservanza di alcuni primordiali automatismi di aggiustamento.

❑ Se effettuato con giudizio (cioè senza ideologizzazioni e adeguandosi ai bisogni del bambino) lo svezzamento può influenzare le abitudini notturne e rappresentare un cambiamento positivo del suo bioritmo.

Se ci sono bambini che non sono pronti per lo svezzamento – e lo dimostrano rifiutando il cibo nuovo – occorre dar loro più tempo, in quanto questo può rappresentare un momento transitorio relativo all'attesa di una maturazione metabolica. Ho constatato spesso che molti bambini rifiutano la farinata di riso e le verdure verso il sesto mese, per poi accettarle di buon grado appena quindici giorni dopo, diminuendo naturalmente i risvegli notturni. Non si sa bene perché ciò avvenga ma un passaggio evolutivo del bambino, anche se può essere accompagnato da difficoltà e resistenze, può portare a una stabilizzazione del sonno. Comunque ricordiamo che durante lo svezzamento i bambini si svegliano ancora per poppare e di conseguenza il sonno ne è condizionato.

Se le mamme lo vogliono, intorno ai nove mesi o anche prima possono togliere la poppata notturna, e questo sarà un momento di grande giovamento per tutti. Molte mamme invece tendono a mantenere il contatto con il loro bambino e a offrire il seno appena piange, cosa che da una parte è confortevole ma per altri versi può ritardare un naturale distacco. Ci sono poi bambini che succhiano poco e spesso, soprattutto i nati prematuri, o i neonati che hanno avuto una nascita difficile e hanno una costituzione gracile, e situazioni anomale possono condizionare i ritmi e complicare i significati di un rapporto sano.

❑ È quasi impossibile non commettere errori o mancanze nell'accudire i bambini perché ognuno di noi viene messo di fronte alle proprie difficoltà e insicurezze, al ritmo della quotidianità e ai propri limiti.

❑ Nei casi in cui l'alimentazione è mista (latte materno più latte formulato) la poppata notturna al biberon può essere fatta dal padre lasciando riposare la mamma, alleviandole così l'impegno notturno e instaurando un rapporto di maggior vicinanza con il neonato (cosa che non guasta mai nei padri).

L'indipendenza non è un concetto astratto e spesso si raggiunge soltanto dopo aver garantito la dipendenza necessaria e la vicinanza fisica al bambino accompagnata ad affetto, calore, sicurezza. Ho osservato che per ottenere questo non è necessario che i bambini dormano e vengano allattati nel lettone oppure al contrario siano lasciati a riposare nella culla; sebbene questa fase venga ritenuta fondamentale dagli psicopedagogisti e dai neuropsichiatri infantili, la sicurezza – ammesso che se ne possa parlare in termini generali – è piuttosto un *continuum* dato dalle persone che crescono il bimbo in fatto di amore, valorizzazione e comprensione.

❑ **Ricordatevi che dovete cercare di compiere azioni semplici ma non impulsive: per esempio non estraete il bambino dalla culla a ogni vagito; e non svegliatelo se avete paura che non respiri più...**

Alcune formule date per certe e assodate si rivelano poi nella pratica ben lontane dalla realtà. Così, per esempio, per propaganda o per pubblicità vengono a volte proposti dei metodi per affrontare l'insonnia dei bambini che sono addirittura in opposizione tra loro. Alcuni esperti per esempio sostengono che lasciar solo il bambino nonostante i pianti sia utile per favorire un sonno migliore, altri invece che occorre soccorrerlo a ogni minima esternazione. Questi metodi hanno spesso un aspetto comune: partono dal principio di voler dimostrare un teorema prefissato senza osservare quello che succede veramente nella molteplice realtà di un sistema che si chiama famiglia.

Una delle figure che si è persa nel tempo nel nostro assetto socio-sanitario è quella della puericultrice. In passato era lei la figura esperta e la consulente di tutti i complessi aspetti che riguardano la fase neonatale (dall'alimentazione al sonno ai disagi del bimbo...) venendo incontro alle difficoltà e ai bisogni di informazioni quotidiane che ogni genitore lamenta.

È evidente che oggi la figura del pediatra e quella del medico di famiglia sono troppo medicalizzate e oberate di pressioni dovute all'eccesso degli assistiti per aver il tempo necessario di osservare con cura le singole situazioni e per informare le famiglie di problemi considerati di piccolo cabotaggio quotidiano: le persone pertanto sono costrette ad attingere informazioni attraverso la stampa non specializzata e costrette a curarsi spesso fuori dalle strutture proposte dalle istituzioni.

Per tornare alla questione dell'indipendenza, il sonno dei bimbi primogeniti è di solito più fragile in quanto questi, specie se vengono allontanati dai genitori e messi nella culla o nel lettino, si sentono soli. Ogni bambino ha bisogno di dormire vicino a qualcuno, e i secondogeniti godono in genere del vantaggio di dormire nella stessa stanza o addirittura nello stesso letto del fratellino.

❑ La sensazione di avere qualcuno vicino dà più sicurezza e di conseguenza meno problemi di insonnia. Anche quando il bambino si sveglia per un suo bisogno e voi se gli siete vicino, non per questo lo incoraggiate automaticamente a essere dipendente; potete invece dare una risposta adeguata alle sue necessità e gli insegnate ad avere fiducia.

Abbiamo visto che il risveglio del neonato dipende per lo più da cause endogene, ovvero dalle sue perturbazioni sensoriali e fisiche. Fino a sei mesi e oltre lo potrete vedere addormentato e tranquillo anche nelle situazioni più rumorose e scomode, con musiche ad alto volume, e voci forti che a volte gli sono addirittura di conforto.

❑ Una volta sveglio, il neonato comunica attraverso mezzi emotivi primari, con il contatto fisico e per lo più con il pianto.

Il pianto è il mezzo di comunicazione istintivo primordiale che coinvolge automaticamente chiunque sia nel giro d'azione del suono. Il pianto viene infatti vissuto sempre come un richiamo di soccorso anche se in realtà non è sempre così; è anche l'espressione di un essere che innatamente mette in moto dei messaggi primordiali di aiuto.

❑ Essere sensibili al pianto dei bambini è assolutamente naturale specie da parte dei genitori ma se drammatizzato da parte di questi ultimi può diventare un messaggio nevrotico a cui il bimbo naturalmente tende ad attaccarsi e a perpetuare.

Le reazioni a un disagio interno sono molto variabili e soggettive, così come la durata e la consistenza del pianto. Come tutti sappiamo la fame è la prima causa di risveglio notturno nel neonato. Ma come si può pensare che questo sia un problema di insonnia? Il problema non è nel neonato ma nella madre che lo deve nutrire anche la notte a scapito delle sue energie messe già a dura prova dall'allattamento o comunque dall'accudimento.

Si è detto che nel caso dell'allattamento naturale la madre a volte utilizza il seno per rispondere e placare ogni richiesta del neonato almeno fino a quando non ci siano "veri pasti". Un ulteriore problema può venire in questi casi dall'esistenza di sostanze che se assunte dalla madre durante l'allattamento possono condizionare – e non poco – il sonno.

Il caffè per esempio è uno stimolante, che dà una sensazione momentanea di aumento delle energie, stimola l'adrenalina e interferisce con il sonno. In misura minore hanno lo stesso effetto anche il tè, la cioccolata se presa in quantità, le bevande a base di cola. Anche l'alcol può interferire con il sonno, anche se possiede un'azione ipnotica che può produrre un "effetto rimbalzo" una volta che si esaurisce e produrre un risveglio precoce e improvviso, spesso accompagnato da sopore.

Anche il fumo di sigaretta (nicotina) è uno stimolante che interferisce con il sonno, così come lo sono tutte le sostanze stupefacenti (cannabis, oppiacei, cocaina...). Anche molti farmaci interferiscono con il sonno del neonato se assunti dalla madre durante l'allattamento; mi riferisco soprattutto agli psicofarmaci (ma questo è un aspetto delicato, di pertinenza medica e psicologica che va affrontato con particolare attenzione).

❑ **Dormire insieme fino a quando c'è la poppata notturna può aiutare i neonati a regolarizzare i ritmi del sonno e anche le madri possono dormire meglio nel letto con i loro bimbi.**

❑ **I neonati sono particolarmente reattivi a livello muscolare: per mantenere una certa tonicità in assenza di attività finalizzate si muovono tanto anche nel sonno.**

❑ Il movimento notturno dei neonati non denota necessariamente uno stato di veglia o un particolare disagio.

❑ Nel bambino la posizione del sonno con le braccia rivolte verso l'alto e con i pugni chiusi è indice di un sonno fisiologico.

Preparare il nido

La maggior parte dei bambini ha bisogno di addormentarsi nel letto dei genitori, per poi eventualmente esser trasferiti nella culla solo quando si sono addormentati per bene.

I bambini hanno bisogno di essere cullati e il movimento ritmico viene usato in tutte le latitudini per favorire il sonno. In genere i bambini sono pronti per passare dalla culla al lettino (a cancelli) verso i sei mesi, quando iniziano a stare seduti.

Il bambino si adatta con maggior facilità al lettino se si mantengono gli oggetti a cui era abituato. L'utilizzo di un paracolpi impedisce inoltre a gambe e braccia del bambino di far leva tra una sbarra e l'altra. Anche le eventuali parti sporgenti del lettino dovrebbero essere lisce, smussate e non acute. Il materasso dovrebbe essere ben aderente al perimetro in modo che la testa del piccolo non finisca nello spazio tra la sponda e il materasso.

Evitate anche di sistemare giocattoli spigolosi o troppo duri nel lettino oppure oggetti che possano servire come un gradino per scavalcare le sbarre del lettino. Attenzione alle cordicelle, anche quelle attaccate al succhiotto non devono essere troppo lunghe. Infine, l'uso di un coltrone di montone da porre sopra il materasso è molto utile per mantenere la temperatura corporea durante il sonno.

Con un po' di attenzione, comunque, il lettino può diventare la sua casa-tana, dove il bambino può giocare con le sue cose e addormentarsi con queste vicino. Al mattino potrà ritrovarle e, se non ha bisogni impellenti, intrattenersi da solo.

Le indisposizioni del neonato

I problemi alla nascita

I bambini che hanno sofferto durante il parto e che hanno riportato delle conseguenze manifestano più problemi del sonno rispetto a quelli che hanno avuto un parto naturale fisiologico. Un parto cesareo invece non sembra indurre particolari perturbazioni del sonno rispetto a una nascita naturale, tranne in quei casi in cui insieme al cesareo la madre non venga scoraggiata dall'allattare al seno, oppure il bimbo rientri nei casi di sofferenza fetale.

Se il neonato è prematuro e viene posizionato nella culla termica soffrirà evidentemente della mancanza di contatto con la madre, e più facilmente presenterà problemi di sonno, anche se spesso mascherati dall'eventuale uso di farmaci. Ci sono neonati prematuri che dormono troppo, altri poco e che sono irrequieti.

❑ **L'uso di farmaci, come antibiotici, barbiturici e così via, possono complicare il ritmo sonno/veglia, non aspettatevi quindi in questi casi un sonno perfetto.**

L'incubatrice è un luogo luminoso (la luce serve anche per ridurre l'ittero neonatale che nei prematuri può essere più evidente che negli altri) e spesso rumoroso, pertanto non è certo il luogo più adatto per il riposo di un neonato, già in difficoltà per una nascita travagliata.

All'arrivo nella casa con i genitori dovrà abituarsi a nuovi ritmi, recuperando lo stato di abbandono e di solitudine della culla ospedaliera. Comunque, anche se è sempre davvero toccante vederli nell'incubatrice, soli e piccoli, i prematuri, se amati e accuditi, recuperano facilmente peso e ritmi biologici una volta arrivati nelle braccia dei genitori, che avranno la possibilità di esercitare tutto l'accudimento precedentemente mancato durante l'esilio.

Il caso di A.

A. nasce con un leggero ittero, da un parto naturale anticipato di un paio di settimane.
Secondo i calcoli dello staff medico il neonato è moderatamente prematuro e il protocollo predispone in questi casi una analisi mirata dei valori più significativi tra i quali la bilirubina, la glicemia, il calo ponderale e così via.
Il bambino è leggermente inferiore alla media sia per il peso che per l'altezza, ma i genitori fanno comunque presente al neonatologo, prima di predisporre qualche trattamento, che anche loro sono di statura e peso al di sotto della media. Il neonato presenta del resto anche delle leggere scosse e tremiti che allarmano un po' tutti.
Anche se gli esami continuano a essere nella norma il piccolo viene sottoposto a un trattamento farmacologico preventivo con barbiturici e posizionato per qualche giorno in culla termica sotto la luce per migliorare l'ittero.
Il problema del sonno insorge al ritorno a casa dopo una settimana di ricovero durante la quale il neonato è stato sottoposto a una alimentazione ricca, mentre la madre si estraeva il latte con un tiralatte per mantenere la montata. Mentre nella culla termica, con i barbiturici e con una alimentazione artificiale il piccolo dormiva quasi sempre, con l'introduzione di una alimentazione naturale e senza farmaci il bambino ha iniziato a svegliarsi tutte le notti ogni due o tre ore. Ovviamente i risvegli notturni hanno messo in difficoltà tutti che, anche se contenti del fatto che il neonato ha iniziato a crescere bene ed è vitale, hanno visto diventare le loro notti un campo di battaglia.
In un caso come questo non è difficile osservare che il bambino da quando ha iniziato a "vivere" ha preso anche a non dormire, mangiando come tutti i neonati anche la notte.

I barbiturici vengono prescritti oltre che in situazioni patologiche specifiche, anche in caso che vi sia il semplice sospetto della presenza di qualche problema neurologico collegato a sintomi a volte banali come il tremore o qualche scatto muscolare. Questi sintomi sono comunque frequenti nel neonato e non dovete spaventarvi: la terapia con barbiturici può essere protratta a lungo come precauzione.

❑ **Se il parto è stato gemellare è più facile che vi siano neonati immaturi e di conseguenza problemi di sonno.**

Se i gemelli vengono separati e addormentati da un genitore per uno, può essere molto più impegnativo per i genitori stessi, dato che i tempi tecnici che hanno a disposizione per svolgere le normali attività casalinghe e i momenti di relax si riducono, specie se lavorano entrambi.

In realtà non ci sono molte alternative. Può comunque essere utile, in particolare con i gemelli nati prematuri, prolungare per il primo mese l'abitudine di far dormire i due bambini uno vicino all'altro, riproponendo in questo modo la vicinanza che avevano nell'utero.

L'incidenza della Sids ("sindrome della morte in culla") sembra aumentare se il bambino è nato prematuro o se soffre di una immaturità respiratoria dalla nascita associata a una diminuita sensibilità dei chemocettori.

La Sids è stata classificata – ma gli studi sul tema sono ancora aperti – come un problema del sonno in cui la respirazione è deficitaria e il neonato non ha ancora sviluppato correttamente i meccanismi automatici di ossigenazione. Se osservate un neonato dormire vedrete che il suo ritmo respiratorio è molto irregolare. Questo è del tutto normale e non deve preoccupare: se il bimbo ha delle apnee troppo prolungate in genere si risveglia improvvisamente per poi riprendere subito dopo il sonno. Nei neonati predisposti alla Sids la reazione di risveglio è ridotta e la respirazione si arresta senza che vi sia una reazione adeguata. Esiste un'altra situazione, per fortuna piuttosto rara, chiamata sindrome da ipoventilazione centrale congenita o più comunemente "sindrome di Ondine"(dal nome della sirena che maledice l'amato costringendolo a non dormire per sempre): comporta l'arresto respiratorio con il sonno e i bambini portatori di questa malattia genetica non possono dormire se non con un respiratore artificiale. Questo fa pensare che anche alla base della Sids possa esserci un meccanismo analogo.

È giusto ricordare poi che la Sids colpisce un neonato su 350, fra il primo e il sesto mese di vita e sembra essere più frequente nei figli di madri fumatrici, che fanno uso di stupefacenti, o utilizzano certi farmaci.

❑ **Una maggior durata del sonno "attivo", o sonno Rem, è correlata con una minore possibilità di andare incontro alla Sids.**

❑ **Anche l'allattamento materno è associato a una riduzione dei casi di Sids.**

Più del 90% dei neonati colpiti dalla Sids è allattato artificialmente: forse questo aspetto del problema è legato al fatto che l'allattamento materno aumenta il contatto fisico con la madre e accudire il bambino la notte può quindi ridurre il rischio di Sids.

Coliche nel lattante

Le colichette nel neonato sono un evento comune specie dal primo al terzo mese, e sono quindi da considerarsi per lo più fisiologiche. Le coliche si possono presentare sia di giorno che di notte e sono uno dei motivi prevalente delle notti in bianco dei genitori in quel periodo di vita del bambino.

Il bimbo piange sconsolato anche per ore, non sembra calmarsi con nulla e neppure la più amorevole e attenta delle madri riuscirà a placare il dolore del neonato, se non dopo un certo tempo. Durante le crisi il bambino flette le gambe sull'addome che spesso è teso e duro; l'emissione di aria prelude spesso alla fine della colica. La colica è riconducibile al fatto che la muscolatura liscia dell'intestino va incontro a uno spasmo continuo per espellere il materiale fecale che è "emulsionato" in una specie di schiuma, che dilata dolorosamente l'intestino.

❑ Le coliche si osservano sia durante l'allattamento al seno che durante quello artificiale e sono associate alla crescita rapida dell'intestino, che raddoppia di volume nel corso dei primi tre mesi.

❑ Massaggiare la pancia del bambino può essere utile così come applicare una borsa d'acqua calda: sono gli interventi che danno i migliori risultati perché producono un rilassamento della muscolatura dell'intestino.

A volte una intolleranza al latte di mucca può essere la causa preminente di coliche nel lattante. In questi casi vale la pena provare a sostituire il latte formulato con uno di altro tipo, oppure provare a eliminare i latticini di origine vaccina dalla dieta della madre che allatta.

Il finocchio è un assorbente dell'aria intestinale così come il Milicon, un prodotto farmaceutico che aiuta la formazione e l'espulsione dei gas intestinali; personalmente preferisco non dare niente al neonato, specie se allattato al seno, per non interferire con la produzione e l'assunzione di latte materno.

Alcuni rimedi omeopatici possono comunque essere utili per migliorare il metabolismo e la digestione nei lattanti che presentano coliche particolarmente frequenti e dolorose. Tuttavia non prescrivete farmaci omeopatici autonomamente al vostro bambino, in quanto questi – come vedremo – sono strettamente individualizzati e necessitano la valutazione di un medico omeopata esperto.

Intolleranze alimentari

Esistono innumerevoli sostanze alimentari che possono indurre reazioni allergiche nei bambini e avere delle conseguenze sui ritmi del sonno. Nel caso dell'allattamento materno, in particolare, le sostanze allergeniche ingerite dalla madre passano nel latte e possono produrre diversi tipi di reazione, a volte anche violente, nel poppante.

Un fenomeno allergico sempre più diffuso è quello nei confronti del glutine. Il glutine è una proteina presente in alcuni cereali come il frumento, che in alcuni soggetti predisposti, produce una reazione a carico della mucosa intestinale la quale va incontro a un deficit funzionale.

La conseguenza di questo deficit è un malassorbimento del cibo con alterazione delle feci. Questo stato viene chiamato morbo celiaco e il bambino che ne viene colpito avrà disturbi della crescita, debolezza generale e anche problemi di sonno.

I problemi notturni possono essere associati anche ad altre allergie alimentari: le più comuni sono verso il latte vaccino, verso le uova (specie se di provenienza industriale), i pomodori e altri alimenti allergizzanti e possono essere causa predominante di dermatiti come eczemi e dermatiti atopiche.

L'eruzione può comparire anche improvvisamente nei primi mesi di vita ed è caratterizzata da forti pruriti che spesso determinano un notevole disturbo del sonno.

L'asma allergica, con il broncospasmo, o le bronchiti asmatiformi, sono un altro problema molto frequente e in notevole incremento negli ultimi anni soprattutto tra i bambini che vivono vicino a fonti di inquinamento. È un disturbo caratterizzato da attacchi notturni che spaventano un po' tutti, bambini e genitori, e che necessitano di un intervento medico.

In generale, comunque, tutte le allergie nei bambini sono in continuo aumento, e le cause di questo aumento – oltre a una famigliarità – sono legate all'assunzione o inalazione di sostanze tossiche sempre più presenti nell'aria e nella nostra alimentazione. Una dieta adeguata è quindi auspicabile e sempre più necessaria, così come cercare di tenere il bambino lontano da tutte le possibili fonti di inquinamento e di bonificare l'ambiente in cui vive.

Parallelamente a questo fenomeno, va detto che negli ultimi anni il cibo e la sua filiera produttiva sono sempre più oggetto di indagine sia per quanto riguarda la qualità (biologicità) che la quantità (per la presenza di conservanti, coloranti, ormoni, antibiotici, antimicotici, pesticidi, fitormoni, composti chimici vari). La diffusione degli organismi geneticamente modificati (Ogm), in particolare, è in continua espansione, ed è assolutamente libera per quanto riguarda cibi che provengono dagli Stati Uniti, dal Sudamerica e da gran parte degli stati dell'Estremo Oriente.

- A PROPOSITO DI OGM -

Il mais da qualche tempo è diventato il reuccio del transgenico superando la soia. Nei paesi che permettono il transgenico a tutto campo (Stati Uniti, Argentina, Brasile, Canada e Cina) il "nuovo" mais contiene meno sostanze tossiche di quello tradizionale (già geneticamente pluriselezionato) e viene promosso con disinvoltura come "biologico". Molti altri paesi come la Russia, l'Europa orientale, l'India, le Filippine, l'Australia, sono destinati entro breve a votarsi al transgenico che infesterà le coltivazioni di alcuni cereali garantendo maggiore produttività e resistenza ai parassiti e insetti.

L'Italia ha da sempre espresso uno dei no più decisi agli Ogm, nonostante l'atteggiamento favorevole della comunità scientifica e del Vaticano, fino al via libera dato dalla Commissione europea per l'importazione del mais dolce transgenico BT11 per uso alimentare. In quella occasione l'Unione europea è stata minacciata in sede di Organizzazione mondiale del commercio di incorrere in una multa di 1,8 miliardi di euro per compensare il mancato guadagno dell'export Usa verso l'Europa dei cibi transgenici. L'Unione europea ha permesso la commercializzazione (in pratica l'importazione dagli Usa) senza l'obbligo di etichettatura, ma i dati fanno supporre che già da diversi anni i consumatori europei e anche italiani abbiano cominciato a consumare alimenti geneticamente modificati senza saperlo. Si pensi che la soia e i suoi derivati (farina, olio, lecitina) possono essere contenuti in diversi alimenti (fra cui le merendine dei bambini) senza l'obbligo di etichettatura.

I risultati della Farm-scale Evaluation, il più vasto studio finora condotto per valutare l'impatto sulla biodiversità delle coltivazioni resistenti agli erbicidi, ha per ora riconosciuto che i rischi per l'uomo sono "bassissimi". Alla base del processo di valutazione del rischio c'è il principio di equivalenza sostanziale: il cibo Ogm deriva da modificazioni di un cibo non-Ogm riconosciuto "sicuro"; la valutazione della sicurezza viene condotta sulle differenze con il corrispettivo alimento non modificato.

Se i criteri di valutazione del rischio si riferiscono, come sembra, agli effetti immediati (testualmente: non si sono verificati incidenti) presunti in seguito (dopo quanto?) all'ingestione di alimenti Ogm, è verosimile che i risultati prodotti dal comitato dei

24 esperti, sia pro che contro gli Ogm, ne confermino l'innocuità. Ma se i controlli sono così semplicistici non si arriverà mai a determinare l'eventuale patogenicità (cancerogenicità?) degli Ogm. In Italia le procedure per valutare la sicurezza di un alimento sono fissate dalle direttive dell'Unione europea secondo parametri che dovrebbero garantire "un procedimento capillare in grado di determinare con sicurezza elementi di rischio per la salute umana che la modificazione genetica potrebbe introdurre rispetto all'alimento di origine". In realtà il recente caso di inquinamento del latte per l'infanzia della Nestlè desta preoccupazione sull'efficacia dei controlli: la prima segnalazione è stata fatta da uno studente in chimica nel settembre 2005, ma ci sono voluti due mesi in cui il latte è stato commercializzato e consumato prma che avvenisse il riconoscimento degli inquinanti e il conseguente ritiro dal mercato.
Sono stati presentati anche numerosi rapporti scientifici sull'indebolimento delle difese immunitarie dovute al consumo di alimenti Ogm, così come più ricerche hanno dimostrato che la resistenza agli antibiotici contenuti negli Ogm si trasferisce ai batteri intestinali di uomini e animali.
La verità è che una buona alimentazione sarà sempre più necessaria per non incorrere in situazioni che possono favorire alterazioni anche gravi dell'immunità del soggetto con conseguenti problemi di salute anche gravi o deficit energetici.

Disturbi respiratori

Abbiamo già parlato dell'asma e di sintomi allergici che possono interferire con il sonno, ma nel lattante sono molto frequenti anche diversi altri problemi respiratori che hanno a che fare con i disturbi del sonno. Si parte da una semplice rinite catarrale, o raffreddore, che ostacola la respirazione fino a problemi più cronici ostruttivi delle vie respiratorie.

Con l'aumento dell'inquinamento, in particolare, un evento frequente è diventato il laringospasmo (detto anche laringite spastica), una patologia particolarmente frequente tra uno e tre anni, anche se può colpire altre età. Il sintomo compare rapidamente in genere verso la tarda serata (fra le undici e mezzanotte) ed è presente una evidente difficoltà inspiratoria con un rumore del torace che può essere allarmante (simile al verso di una foca).

In alcuni casi il laringospasmo può diventare pericoloso, e non soltanto per l'ansia che mette ai genitori, pertanto in questi casi è sempre consigliabile una adeguata terapia medica.

Per affrontare comunque la situazione in emergenza e con mezzi casalinghi potete sistemare il bambino in un ambiente con del vapore caldo per aiutare a superare la fase acuta e in seguito cercare di umidificare adeguatamente la stanza in cui dorme: state comunque sicuri che quella notte la passerete in bianco.

❑ **Per superare la crisi di laringospasmo si può trasferire il bambino nella stanza da bagno, con i rubinetti dell'acqua calda aperti e la vasca piena d'acqua bollente o la doccia bollente in funzione.**

Tutte le laringiti, faringiti, tracheiti, bronchiti, otiti e così via sono accompagnate da situazioni di disturbo del sonno, così come se il vostro bambino ha un attacco asmatico. Anche un ingrossamento delle adenoidi può causare difficoltà respiratoria notturna: il bimbo per respirare è costretto a tenere la bocca aperta con il conseguente inaridimento delle mucose della faringe; può russare rumorosamente oltre a incorrere in otiti catarrali e altri guai dolorosi o fastidiosi.

In questi casi con le terapie mediche convenzionali il pediatra tende a proporre uno schema terapeutico composto in genere da: antipiretici (Tachipirina) se è presente febbre (sopra i 38°), fluidificanti del muco, e poi – se lo stato infiammatorio viene considerato preoccupante – cortisonici e antibiotici. In realtà tutti i medici sanno che la maggioranza di queste situazioni hanno una componente virale, ma le terapie che vengono proposte non hanno capacità antivirali in sé e quindi vengono proposti farmaci non adeguati e sintomatici.

I pediatri delle nazioni europee più avanzate dal punto di vista sanitario (Francia, Germania, Gran Bretagna, Olanda) usano su questo terreno pochi farmaci, e spesso utilizzano rimedi fitoterapici e omeopatici per affrontare queste situazioni senza intossicare troppo il bambino.

- A PROPOSITO DI ANTIBIOTICI -

Il successo e l'efficacia della terapia antibiotica è senza dubbio notevole, ma come nel caso di altri interventi terapeutici (vaccinazioni, cortisonici e così via), l'entusiasmo sommato alle condizioni sanitarie di ogni singolo paese ha facilitato un loro uso spesso sconsiderato. Un esempio cha ha alla base motivazioni socio-sanitarie è quello dell'impiego di antibiotici nelle malattie virali come le sindromi influenzali. Sebbene ogni medico sappia della loro inefficacia in tali situazioni, giustifica una certa applicabilità terapeutica nel caso che la sindrome influenzale persista con febbre oltre i 39°C per più giorni o ci siano sintomi seri.

Il fatto che gli antibiotici oltre a essere inefficaci se somministrati inappropriatamente, determinino un indebolimento del sistema immunitario è cosa ormai risaputa e dimostrata, ma nonostante questo, il loro uso è diventato routinario e le prescrizioni del medico sono spesso scavalcate da assunzioni estemporanee. Il sistema socio-sanitario occidentale ha insomma indotto una commercializzazione indiscriminata e un consumo meccanico e inadeguato degli antibiotici, privo di indicazioni comprovate e contrario alla "medicina basata sulle evidenze" cara alla scienza convenzionale.

L'abuso dell'antibiosi farmacologica oltre al già citato indebolimento immunitario generalizzato e alle conseguenze mediche legate ad esso con l'innalzamento drammatico delle malattie cronico-degenerative, ha prodotto situazioni diffuse di resistenza. È dall'inizio degli anni Novanta che si studiano i meccanismi tramite i quali i batteri sviluppano resistenza ed è recente il fatto di considerare gli antibiotici al contempo efficaci ma anche pericolosi anche da parte della scienza convenzionale.

La comparsa di ceppi batterici resistenti agli antibiotici è stata riscontrata fin dall'introduzione delle penicilline.

Si parla di resistenza in vivo nel caso in cui i batteri che erano sensibili a un determinato farmaco diventano refrattari alla sua azione e si possono moltiplicare in sua presenza, anche al massimo della sua concentrazione possibile nel sangue.

Uno dei recenti esempi di nuova resistenza è rappresentato da un ceppo di Stafilococco aureo resistente alla vancomicina, un antibiotico da sempre considerato risolutivo per le infezioni da stafilococchi (ed enterococchi). Già nei confronti degli entero-

cocchi si erano da tempo evidenziate resistenze, ma nel 2002 è stato isolato un ceppo resistente dopo una situazione di abuso dell'antibiotico. Il ceppo ha acquisito il carattere della resistenza e la capacità di riprodurlo.

Un'altra patologia che specie in un non lontano passato ha creato problemi è la pertosse. Esistono ancora casi sporadici ma la vaccinazione di massa ha impedito la diffusione epidemica del batterio, così come è accaduto con alcune malattie dell'infanzia come la rosolia, il morbillo e la parotite. Queste malattie per la verità non comportano in Italia l'obbligo vaccinale, ma la vaccinazione viene fatta diffusamente comunque, soprattutto in coincidenza con l'ingresso dei bambini nelle comunità (asili nido, scuole materne...).

- **❑ È stato osservato che dopo uno o più vaccini il vostro bambino potrà presentare qualche problema del sonno.**

Le conseguenze di un vaccino, in ogni caso, non sono solamente dirette, relative cioè alle componenti del vaccino stesso, che possono provocare effetti indesiderati di tipo allergico (per molti anni sono stati usati degli adiuvanti a base di sali di mercurio che è tossico), ma possono avere a che fare con le funzioni generali del soggetto. Questi effetti in genere non sono facilmente quantificabili dato che riguardano l'indebolimento o la perturbazione aspecifica di una determinata funzione (per esempio il bambino mangia meno, è più irritabile o più lento, si sveglia di più la notte e così via).

È opportuno segnalare al pediatra questi segni in modo tale da porvi in qualche modo rimedio perché i bambini sono sensibilmente reattivi a qualsiasi stimolo immunitario.

I medici e i pediatri sono generalmente poco inclini a considerare i vaccini come causa di sintomi perché li considerano sempre utili e responsabili della salvezza di molte vite. In realtà ogni vaccino – come ogni stimolo immunitario – può causare danno ed è dovere di tutti i medici (e anche dei genitori a seconda delle loro convinzioni) valutare ed eventualmente proteggere i bambini da ogni insulto, anche se di origine medica, moderando e valutando adeguatamente gli interventi.

Un'ultima notazione generale a questo proposito. Con l'uso della vaccinazione di massa nei confronti delle malattie esantematiche alcune malattie infantili sono in declino, ma altre invece – come la varicella – sono in aumento. Infatti, la natura rifiuta i vuoti biologici: un vuoto che possiamo indurre con una vaccinazione tende a essere riempito da altre specie.

- A PROPOSITO DI VACCINI -

Tom Jefferson della Cochrane Vaccines Field ha appena visto pubblicato sulla rivista Lancet un suo lavoro in cui viene rilevata la scarsa affidabilità e protezione della popolazione vaccinata contro il virus influenzale. Jefferson ha analizzato e confrontato 64 studi effettuati presso nosocomi di lungodegenza che ospitano anziani ed è arrivato alla conclusione che la protezione nei confronti della sindrome influenzale da parte del vaccino omologo è pressoché nulla (Jefferson T., Rivetti D., Rudin M. et al., *Efficacy and effectiveness of influenza vaccines in elderly people: a systematic review*, Lancet online pub., 22 Sept. 2005).

La vaccinazione di massa nei confronti degli anziani come profilassi per le sindromi influenzali è una prassi diffusa in quasi tutto il mondo e informazioni come questa non sono divulgate dai media perché rappresentano notizie non gradite al mondo "scientifico" e di ostacolo alla promozione dei vaccini, che coinvolge interessi notevoli.

Va poi detto che gli effetti indesiderati del vaccino antinfluenzale possono essere anche gravi e non solo fastidiosi come nel caso di cefalea, convulsioni, encefalomieliti.

La campagna vaccinale coinvolge anche i piccoli che vengono ritenuti più vulnerabili di fronte alle malattie respiratorie e che spesso rispondono all'inoculazione del vaccino proprio con disturbi del sonno.

La febbre

Anche lo stato febbrile più lieve è accolto in genere con grande timore dalla maggior parte dei genitori, che sulla spinta allarmistica anche di molti medici intervengono frequentemente e spesso impropriamente con farmaci antipiretici. La

FRANCOANGELI

BOOKSHOPS SRL

V.LE DELL'INNOVAZIONE N 11

20126 MILANO

P.IVA 05744300962

			EURO
1	DORMI DORMI	8,50	7,71
1	SVEZZAMENTO	13,00	11,79

****

SCONTO EURO 2,00

PROG. 133227

****

TOTALE EURO 19,50

CONTANTI 19,50

RESTO 0,00

26/03/11 11:37 SF. 0011

MF KU 96021480

febbre può associarsi a disturbi del sonno, specie se c'è agitazione, ma bisogna ricordare che i rialzi febbrili nel bambino sono frequenti e a volte repentini.

Un semplice rialzo febbrile senza sintomi respiratori, gastrointestinali e così via ha un significato diverso rispetto a quello che può avere nelle sindromi influenzali o nelle malattie acute respiratorie (Ira) che sono la fonte più frequente di aumenti di temperatura.

❑ I rialzi febbrili asintomatici accompagnano spesso momenti di crescita sia fisica che emozionale, oltre a certi momenti di maggiore vulnerabilità al freddo.

❑ La febbre è una reazione a uno stimolo e non è la malattia.

❑ A volte dopo un attacco febbrile asintomatico non trattato farmacologicamente, il bambino migliora le proprie performance fisiche e psichiche.

Se in alcuni bambini dopo una malattia acuta si osserva uno scatto di crescita fisica o mentale, per contro ce ne sono altri che non si riprendono bene e presentano dei sintomi simili a quelli appena descritti; in alcuni casi questo accade dopo una vaccinazione con astenia, inappetenza, disturbi del sonno o anche segni di regressione. L'uso eccessivo di antipiretici e di antibiotici può indurre indebolimento delle difese: si calcola che a ogni decimo di grado di abbassamento della temperatura corrisponda un raddoppio del numero dei germi.

Anche le malattie esantematiche (caratterizzate da un'eruzione cutanea, come il morbillo e la rosolia), oltre a essere in certe situazioni pericolose, possono peraltro avere un effetto evolutivo nei bambini e non è infrequente che il sonno migliori decisamente dopo una di esse.

Verminosi

Le verminosi sono piuttosto diffuse nei bambini (la frequenza nei lattanti è del 30-40%), sono caratterizzate da una certa famigliarità e durante la fase matura ed espulsiva possono produrre prurito molto intenso nella zona anale. Più o meno associate alle manifestazioni locali si osservano comunque agitazione e risvegli notturni a volte accompagnati da incubi.

I vermi più diffusi sono gli ossiuri, organismi della grandezza di pochi mm e di colore bianco, che si vedono distintamente muoversi nelle feci o in regione anale.

Data la facilità delle reinfestazioni, in questi casi si consigliano pratiche igieniche particolarmente attive. Oltre ai vermicidi convenzionali, che possono risultare piuttosto tossici (specialmente nei bambini o nelle donne in gravidanza), alcuni prodotti vegetali come l'aglio e le carote possiedono una buona attività vermifuga, riconosciuta e collaudata.

Anche in questo caso rimedi erboristici e omeopatici possono aiutare con successo a superare il problema.

Il sonno nei bambini con invalidità

Affrontare uno stato di invalidità, sia mentale che fisica, rappresenta per la famiglia una situazione limite che condiziona grandemente l'esistenza intera dei genitori.

L'impegno di energie, tempo e denaro, l'insufficienza generalizzata di sostegno sociale, i pregiudizi che gravano sul portatore di invalidità privandolo delle potenzialità di una vita indipendente, sono tutti elementi che mettono i genitori in uno stato di angoscia e di emergenza continua.

I bambini che presentano questi problemi non soffrono necessariamente di disturbi del sonno, tranne in alcune situazioni specifiche come la cosiddetta narcoepilessia, dove le crisi convulsive si manifestano durante il sonno e dove pertanto occorre sorvegliare costantemente il riposo.

I bambini cerebrolesi con problemi motori hanno però una necessità di accudimento tale da impegnare intorno a loro diverse persone di giorno e di notte. E i genitori di bambini cerebrolesi o con altre invalidità vanno sostenuti con ogni mezzo per permettere loro di far fronte a una situazione di sopravvivenza.

Un mio piccolo paziente con segni seri di spasticità senza compromissione cognitiva ha da sempre manifestato difficoltà a prendere sonno, fintanto che lui stesso, all'età di 13-14 anni ha riconosciuto nell'eccessiva e a volte assillante presenza della madre il motivo del suo problema. La madre continuava infatti a cullarlo tutte le sere prima di dormire come quando era un neonato. La madre a un certo punto capì e cambiò atteggiamento lasciando maggiore indipendenza al bambino e permettendogli così non solo di migliorare il suo sonno ma anche le sue capacità motorie. E si badi che la mamma era stata da sempre molto attenta e disponibile nei confronti del figlio nell'aiutarlo ad affrontare le conseguenze della sua difficoltà motoria e ad attutire le frustrazioni che il bambino doveva quotidianamente subire a causa del suo deficit.

❑ **L'osteopatia è un approccio medico che può aiutare i bambini cerebrolesi a migliorare le proprie attività fisiologiche e ad acquisire maggiore autonomia.**

Non diversamente da quanto abbiamo detto nelle notazioni generali, anche in questi casi le abitudini, la ritualità e la regolarità sono essenziali nel rilassare il bambino e favorirne il sonno, ma se queste vengono protratte oltre certi tempi possono ostacolare l'evoluzione e la crescita. Comunque è bene sempre tenere a mente che i tempi e i ritmi sono soggettivi e non sono mai correlati a categorie standardizzabili.

❑ **Nei casi di invalidità la melatonina (anche se non è stata ben sperimentata) può essere d'aiuto.**

❑ **Il massaggio è sempre un approccio prezioso e utile per il rilassamento e tanto più nei confronti del disabile.**

❑ **La psicomotricità è molto utile per affrontare i problemi motori e di coordinazione e di conseguenza ha ricadute anche sull'acquisizione di un più corretto ritmo del sonno.**

La regolarità, la routine, la coerenza, anche per i bambini con invalidità sono necessari per scandire un buon ritmo sonno/veglia, così come l'apprendimento quotidiano va proposto con scansioni graduali e con costanza. Così, a volte il bambino con spasticità viene trattato con farmaci che allentano la tensione muscolare e favoriscono il sonno ma che possono produrre debolezza, torpore e difficoltà di attenzione. Interrompere semplicemente un farmaco ipnotico può tuttavia tradursi in un fallimento se non vengono contemporaneamente proposti al bambino degli schemi che gli permettano di reimpostare i suoi bioritmi. Anche i bambini non vedenti presentano spesso problemi d'insonnia perché, oltre al vivere in condizioni psicologiche difficili, non percependo lo stimolo luminoso l'epifisi rimane esclusa dalla sua azione principale di regolatore del ritmo circadiano.

L'universo emotivo

Sentire in modo diverso

Così come il bambino non rispetta le vostre ore di sonno perché ha necessità diverse dalle nostre, anche per altri aspetti fondamentali per la sua esistenza egli non percepisce la realtà nello stesso modo a cui noi adulti ci riferiamo abitualmente.

- **Il bambino "sente", ma non "comprende". Sentire significa percepire i sentimenti senza necessariamente razionalizzarli: tutti i bimbi sono istintivi e diretti nelle loro emozioni.**

Fin da neonati la corteccia cerebrale è in continua crescita ed evoluzione e l'apprendimento procede di pari passo con l'espansione della coscienza. Non solo: esiste un apprendimento più istintivo che è collegato con la vita emotiva e che solo con il passare del tempo (mediamente dopo i quattro o cinque anni), approda alla coscienza.

Una volta che si escludano cause fisiche, indisposizioni o altri motivi connessi direttamente con una alterazione del sonno, di fronte a un disturbo del sonno occorre indagare la sfera emotiva dell'ambiente che circonda il bambino.

- **Le turbative del sonno sono spesso in relazione con le tensioni emotive che vengono vissute intorno al bambino.**

Ogni bambino reagirà a modo suo ma sarà sempre in collegamento con l'ambiente che lo circonda. La famiglia è un sistema di cui lui fa parte e chi ci vive difficilmente è consapevole dei meccanismi emotivi che lo regolano.

In questo modo si tende a sminuire o a negare alcuni aspetti che ci mettono in difficoltà e che si riflettono sul comportamento nei confronti del bambino che così tanto ha influito sull'assetto famigliare.

Squilibri emozionali

La nascita di un bimbo inevitabilmente porta a una situazione di squilibrio emozionale.

Questa situazione coinvolge tutti e a essa occorre far fronte come in uno stato di emergenza: ne consegue che i conflitti tra i genitori prima o poi possano esasperarsi. Qualora esista un disagio legato al sonno del bambino, ai suoi risvegli notturni, alla difficoltà del genitore ad affrontare il disagio, è necessario che i genitori concordino e adottino strategie comuni qualsiasi esse siano e non si ostacolino a vicenda.

❑ **Nelle "strategie del sonno", creare ambivalenze o incongruenze non fa altro che complicare la situazione dato che il bambino, percependo messaggi contrapposti, non capirà cosa si vuole da lui.**

Se gli adulti tendono a coricarsi tardi, anche i loro figli prima o poi prenderanno questa abitudine se non vengono messi a letto per tempo. A questo proposito tenete conto che quanto più il ritmo sonno/veglia è spostato in avanti, tanto meno il sonno sarà riposante e può portare a uno stato di agitazione o di irritabilità.

❑ **I ritmi del bambino sono fortemente condizionati dalle abitudini dei genitori.**

Un altro elemento da ricordare è che nelle comunità più prolifiche o socialmente più povere raramente il bambino ha un letto tutto suo; condividere il letto diminuisce però i problemi legati al sonno, anche se la condivisione non è con i famigliari stretti. In queste situazioni peraltro l'accudimento continuo dei genitori verso i loro figli viene meno e essi possono stare più tranquilli avendo più spazio per loro.

Il bambino spesso di notte si muove, scalcia e si agita. Per alcuni la vicinanza può essere gratificante mentre altri non la tollerano: ogni caso è a sé, ma tenete sempre presente che i bambini si possono addormentare anche da soli.

Se ci sono fratelli o sorelle nella stessa camera il sonno del bambino è potenzialmente meno perturbato per il solo fatto che è meno solo e può rilassarsi di più. D'altra parte la compagnia può essere fonte di eccitazione, perché proprio nel momento di dormire i bambini si impegnano nei giochi motori o si fanno prendere dalla ridarella e ci vorrà tempo e pazienza per calmarli.

Inoltre l'arrivo di un fratellino può causare contraccolpi psicologici tali da produrre effetti rilevanti sul sonno portando all'insonnia direttamente per agitazione o indirettamente con enuresi, pavor nocturno e parlare nel sonno.

I genitori con più figli dovranno trovare disponibili entrambi all'ora della nanna e si divideranno i pargoli a seconda delle consuetudini più redditizie.

Se uno dei genitori si spazientisce e dà ordini perentori e disposizioni assolute può essere utile a volte ma nella maggioranza dei casi creerà ancora più tensioni e risentimenti. In certi casi comunque i bambini, quasi più per gioco che per altro, rispondono a un comando e magari si addormentano ubbidendo all'ordine del genitore di fare i bravi e di dormire.

Tutti gli avvenimenti della vita, belli o brutti che siano, hanno una ripercussione sul bambino e sul suo sonno. I genitori a volte credono che amandolo il bimbo non avrà problemi e starà tranquillo per sempre. A volte invece succede proprio il contrario: un bambino amato e ben accudito si permette di fare capricci e di arrabbiarsi con il genitore che è presente e che detta le regole.

Frequenti sono poi i casi in cui il bambino di genitori separati e che vive con la madre (come accade nel 95% dei casi) idealizza e salva il genitore che è più assente. Anche l'addormentamento sarà più problematico con il genitore che "c'è" quotidianamente dato che il bambino sarà più libero di sfogare le proprie tensioni.

❑ Esistono innumerevoli variabili che influenzano il sonno dei bambini: ci sono regole valide per tutti ma i rimedi così come le situazioni sono innumerevoli, perché sono in relazione con le situazioni emotive della famiglia.

❑ Una tensione emotiva anche minima avrà sempre una ripercussione sul sonno e gli interventi per correggere il problema non sono mai sicuri e definitivi.

Da parte mia cercherò di proporvi dei suggerimenti e delle strategie da adattare alle singole situazioni e che non porteranno matematicamente al successo. Questa considerazione è dettata dall'esperienza e chiunque proponga delle formule certe e definitive lo fa solo per tornaconto personale o per propagandare un certo metodo.

❑ Non esiste una soluzione, ma mille soluzioni; non esiste il genitore perfetto né il bimbo ideale, né il medico infallibile.

Bambini che viaggiano

Esiste una situazione, critica anche negli adulti, che può avere ripercussioni sul sonno; come i grandi, dopo un viaggio attraverso fusi orari diversi, anche il bambino deve riadattare il suo bioritmo in un tempo proporzionale al numero di ore di fuso che deve recuperare. Ma egli non è come l'adulto consapevole del tempo che passa e perciò non potrà adottare sistemi di attenuazione del proprio disagio.

Se si arriva da Oriente in Italia il problema riguarderà l'adattamento nelle ore notturne, che potranno essere recuperate per gradi: in genere si riesce a ristabilire il ritmo precedente entro una settimana. Se provenite da Occidente, invece, vi verrà sonno più tardi e i vostri bimbi faranno le ore piccole: occorre pertanto aver un po' di pazienza per riequilibrare l'orologio interno.

Alcuni bambini si adattano più velocemente ai cambiamenti rispetto ad altri. Se è possibile portate con voi in viaggio la coperta del bambino, i suoi giochi preferiti e altri oggetti che conosce bene che aiutano il bambino a famigliarizzare con l'ambiente anche lontano dal proprio letto.

Mentre per gli adulti la melatonina è spesso utile per superare le conseguenze del "jet leg", nei bambini la consigliamo meno perché come già si è detto non è stata ancora ben sperimentata.

Nel mondo dei sogni

Le indagini strumentali scientifiche evidenziano che durante la fase Rem o di sonno "attivo" si sogna. Ma perché si sogna? La risposta è piuttosto complessa e soprattutto dipende dalla prospettiva in cui ci si pone per rispondere.

Nel momento in cui ci si addormenta c'è comunque qualcosa che si "stacca": la coscienza si allontana ed entra in azione un nuovo stato mentale.

Ora, i sogni sono la rappresentazione emotiva di questo nuovo stato mentale, dove operano aspetti poco conosciuti e razionalizzabili che appartengono al nostro inconscio.

L'inconscio rappresenta se stesso nel disporre sul palcoscenico del sogno tutti gli eventi emotivi accantonati e accumulati in un passato sia recente che lontano. Il cervello lavora quindi anche di notte, ma in un modo diverso rispetto alla veglia: le attività dell'io, della nostra coscienza, traggono infatti energia e vitalità proprio in virtù del sonno e dell'attività onirica, che scarica le tensioni accumulate e dona il naturale vigore mattutino.

I bambini sognano già nel corso della vita uterina, almeno a partire dal settimo mese di gravidanza. Nei primi mesi di gravidanza è tecnicamente più complicato individuare le attività oniriche del nascituro, ma è comunque molto probabile che i sogni inizino con la vita stessa. Per tutta l'infanzia, poi, il bambino sogna molto più dell'adulto; soprattutto, i sogni sono molto più vividi nei bambini rispetto agli adulti.

Il sogno rappresenta una fase in cui il cervello è attivato intensamente e il sistema nervoso centrale stabilisce nuove connessioni neuronali. Sogni e incubi (diversamente dal "pavor nocturno" di cui avremo modo di parlare) si manifestano nella fase in cui il sonno è più leggero.

Ormai da più di un secolo il contenuto dei sogni è oggetto di studio e di analisi scientifica e rappresenta un enorme, quanto prezioso serbatoio di informazioni appartenenti all'inconscio del soggetto. L'interpretazione del sogno – Freud lo ha insegnato – passa sempre attraverso il simbolo. Il simbolismo è la chiave di lettura del linguaggio dell'inconscio ma non solo: in certe culture mediche tradizionali e in alcune scuole psicanalitiche rappresenta un mezzo di interpretazione di tutto l'ambito esistenziale e psicopatologico.

Il simbolismo utilizzato nell'interpretazione dei sogni può essere sia collettivo che individuale. Per esempio, se si sogna un animale feroce che ci minaccia, questo sogno ha a che fare con l'aggressività, che rappresenta una chiave di lettura comune, mentre il contenuto emotivo tramite il quale viene vissuto il sogno di una tigre o di un leone – e le sensazioni del sogno – sono determinate dall'esperienza personale e rappresentano quindi un simbolismo individuale. Ne consegue che l'interpretazione di un sogno diventa strettamente soggettiva. Da questo punto di vista va detto che è generalmente piuttosto difficile capire o avere informazioni sul contenuto dei sogni dei bambini finché essi non sono in grado di ricordare e di raccontare le loro esperienze notturne.

I sogni possono essere piacevoli e vedrete spesso sorridere il vostro bambino mentre dorme, ma in questa sede ovviamente ci interessano di più quei sogni che hanno ripercussioni forti e immediate sul sonno dei bambini e dei genitori.

L'incubo in particolare è un sogno a contenuto intensamente emotivo e in genere terrorizzante, che induce spesso il soggetto a svegliarsi improvvisamente con sensazioni fisiche di disagio e comunque in uno stato di forte turbamento.

A volte il bambino in relazione con i limiti del linguaggio legati all'età riesce a descrivere alcuni elementi dell'incubo rievocando l'esperienza: questo può rivelarsi utile nella comprensione delle paure del bambino che se coccolato e confortato può riaddormentarsi subito senza serbare alcuna conseguenza del sogno.

Di fronte a un incubo al genitore viene istintivo avvicinarsi al piccolo per abbracciarlo. Non c'è alcun motivo per non farlo: può infatti essere utile per rassicurare il bambinoe allontanarlo dalle immagini che hanno generato il brutto sogno.

Esperienze quotidiane con immagini violente tratte da programmi televisivi o film truculenti e inadatti all'animo del bambino, un eccesso di emozioni dovute a situazioni relazionali difficili come litigi in famiglia o distacchi affettivi anche temporanei (considerate sempre che i bambini hanno una percezione del tempo non relativizzata e razionalizzata come quella dell'adulto) possono scatenare, oltre a un sonno perturbato, sogni angosciosi o incubi.

Nella mia esperienza medica ho rilevato un numero elevatissimo di queste situazioni specialmente in soggetti emotivamente ipersensibili. Alcuni film a carattere orrorifico, anche se volutamente trash, hanno originato situazioni traumatiche in non pochi bambini che hanno finito per accumulare tensioni nevrotiche e paure persistenti anche diurne collegate con le immagini del film.

❑ È necessario che i genitori vigilino e selezionino le immagini alla televisione, e chiedano alle persone a cui il bambino viene anche solo temporaneamente affidato di controllare i programmi da proporre ai bambini.

Anche l'uso privato, come per quei bambini che gestiscono la televisione nella loro camera, può essere pericoloso perché a volte si mettono alla prova nell'affrontare e sfidare se stessi e i loro amici tramite immagini truci. Nella mia particolare esperienza di medico ho constatato che la prima causa di insonnia nei bambini al di sopra dei tre anni è conseguente alla visione di film non adatti alla loro età.

Il caso di A.

Quattro anni, tornata a casa dopo aver visto al cinema con i genitori un film natalizio di animazione, dice di aver avuto tanta paura per i mostri che ha visto, in particolare uno con gli occhi gialli che aveva una voce cattiva. Tutte le scene del film sono state evocate la sera stessa dalla bambina nei minimi dettagli.
Da allora la bambina non riesce a prendere più sonno come prima, perché le tornano davanti agli occhi le immagini del film. Anche di giorno ne parla concitata, rievocando il "mostro".

La storia va avanti per diverse settimane con un sonno agitato e diversi risvegli notturni; anche i sogni si riferiscono alle immagini viste al cinema. Pian piano, dopo un trattamento omeopatico, la bambina ridimensiona i suoi mostri e non li percepisce più come "veri".

A parte la sensibilità propria della bambina, è vero che alcuni film fanno leva sul bisogno di buonismo dei piccoli contrapposto al "male" che viene rappresentato in senso orrorifico e a volte in un senso apparentemente ironico ma sostanzialmente realistico per l'immaginario di un bambino (che è molto diverso da quello dell'adulto). I risultati di tutto ciò possono diventare inquietanti.

❑ Attenzione alle immagini che il bambino può interiorizzare e non solo attraverso la televisione.

I bambini che sviluppano paure e ansie violente, necessitano in genere di particolari rassicurazioni prima di dormire. Una lucina, il proprio orsetto, un carillon, come tutti sanno a volte aiutano nel momento dell'addormentamento a confortarlo e ad aiutarlo a prendere sonno. Le paure che persistono a lungo possono essere invece affrontate dai genitori consultando persone esperte, ma soprattutto cercando di tranquillizzare il piccolo: spesso sono infatti proprio le paure dei genitori a sostenere quelle dei figli.

❑ Le esperienze emotive si imprimono in profondità nel bambino e situazioni emotive violente possono indurre incubi notturni.

Considerate che il bambino che non ha ancora strutturato una coscienza: nel farlo progressivamente interiorizza le esperienze emotive e affettive senza dunque quel filtro che gli adulti hanno costruito nel tempo. Se ogni adulto può mettere in atto delle difese più o meno efficaci per proteggere la sua parte sensibile, la sua "anima", che è poi quella che caratterizza il mondo infantile, tutte queste esperienze si imprimono nel bambino in modo particolarmente sensibile.

Il caso di P.

All'epoca P. ha otto anni; il racconto risale però all'adolescenza.

Da quando morì il nonno mi concentravo e fissavo il suo pianoforte vuoto e l'unica cosa che mi piaceva era premere lentamente i tasti e ricordare così il nonno. Lui suonava sempre meno ma a me piaceva sempre di più; guardavo le sue dita con le unghie pallide e mi tenevo quelle musiche in testa per tutto il giorno. Anche la notte mi addormentavo con la musica dentro ma, da quando se ne andò, la notte stavo sveglio e cercavo di ricordare tutte le immagini possibili su di lui.

Allora andavo dalla mamma e piangevo finché mi calmavo ma poi riprendevo ad avere nella testa il suono del pianoforte del nonno.

Poi è venuta da noi una "tata" nuova dall'Est che sapeva suonare il pianoforte e conosceva tante delle canzoni del nonno. La guardavo e mi sentivo capito e mi sorrideva; fumava delle sigarette che mi davano tanto fastidio e che posava sull'orlo del piano ma mi piaceva lo stesso.

Dall'arrivo della tata non ho più sognato il nonno e non mi sono più svegliato con la musica in testa e ho ripreso a sentirmi leggero come le dita del nonno che sfioravano i tasti e quel suono che andava per aria senza sforzo.

Le anomalie del sonno

Ci sono alterazioni del sonno anche molto frequenti e che tuttavia non hanno un particolare significato. Certo alcuni considerano tutti i risvegli notturni come una anomalia in sé, ma spesso il bambino si sveglia senza lamentare alcun disagio e altrettanto tranquillamente riprende il sonno.

Il lattante per esempio si sveglia fisiologicamente per la fame a intervalli variabili e questo accade almeno una volta per notte. Anche in seguito il bambino si potrà destare durante la notte e rimanere sveglio anche a lungo senza manifestare sintomi riconoscibili: in questi casi è meglio lasciarlo in pace senza intervenire in alcun modo.

Le parasonnie

Le parasonnie invece, cioè i movimenti e i comportamenti particolari durante il sonno, richiedono sempre un intervento e particolare attenzione da parte dei genitori.

La prevalenza delle parasonnie varia con l'età, dall'infanzia fino alla vecchiaia, e a volte con il sesso. Le più note comunque, e cioè il pavor nocturno, il sonnambulismo e l'enuresi notturna sono delle manifestazioni tipicamente infantili e persistono solo raramente nell'adulto. Accanto a queste anomalie principali dobbiamo poi ricordare il bruxismo (digrignare i denti), la iactatio capitis (muovere ritmicamente il capo), il somniloquio (parlare nel sonno). A volte si ripresentano dopo una interruzione anche di anni in coincidenza con eventi emotivi traumatici come la separazione o una serie di litigi dei genitori, la scomparsa di un nonno, la nascita di un fratellino ma anche una semplice difficoltà relazionale.

La frequenza della comparsa di una determinata parasonnia è peraltro molto variabile: si va da casi episodici fino a manifestazioni sistematiche.

In genere le parasonnie iniziano a manifestarsi parallelamente alla crescita emozionale e allo sviluppo affettivo del bambino e non iniziano prima del compimento dell'anno. In certi casi l'individuazione dei sintomi può non essere agevole come nel caso del sonnambulismo, perché l'episodio si svolge di notte senza particolare preavviso e il soggetto anche quando è adulto spesso non ne serba ricordo.

La più frequente parasonnia infantile è il pavor nocturno, sogni terrificanti accompagnati da un urlo acuto che spaventa tutti, non solo il bimbo ma anche – e molto – il genitore.

Pavor nocturno

Si manifesta in genere nei bambini dopo i 4-5 anni di età e comunque non oltre la pubertà; coinvolge inoltre più i maschi rispetto alle femmine e può avere un certo grado di familiarità. A differenza di quanto accade con gli incubi o comunque dei sogni accompagnati da agitazione o a contenuto ansioso, il pavor nocturno si verifica nelle fasi più profonde del sonno.

❑ **Il pavor nocturno si verifica nella fase più profonda del sonno; non è quindi collegata ai sogni della fase Rem.**

L'urlo notturno a volte è agghiacciante e lascia nel terrore sia la vittima, che ha un aspetto impaurito – con l'occhio fisso e spesso il capo completamente bagnato di sudore – sia il genitore che in genere cerca di ridestare il bambino o la bambina senza grande successo.

❑ **Non svegliate mai il bambino, anche se voi vi sentite pieni di angoscia, ma aspettate che si calmi standogli semplicemente vicino.**

In questi casi un abbraccio può essere molto più efficace di qualsiasi parola di conforto. Se viene lasciato in pace il bimbo può riaddormentarsi tranquillamente e anche se è già un po' più grandicello non ricorderà più niente del vissuto la mattina seguente.

Molti pediatri o neuropsichiatri infantili sostengono che il pavor nocturno non provenga necessariamente da un vero e proprio disagio emotivo, anche se spesso è conseguenza di eventi traumatici e pertanto riflette uno "scarico" emozionale. La verità è che ne sappiamo troppo poco.

I pediatri intervengono spesso farmacologicamente sul pavor nocturno dietro una richiesta del genitore impressionato dalla violenza della manifestazione. L'uso di benzodiazepine porta in questi casi a un attuttimento del sintomo, con tutti gli effetti collaterali relativi.

Io consiglio terapie più dolci e la ricerca delle cause psicologiche che determinano le crisi, specie se queste sono reiterate e violente.

Il caso di B.

B. è una bambina di dieci anni, che viene accompagnata da entrambi i genitori, i quali mi presentano un problema di pavor nocturno insorto da circa sei mesi, con attacchi violenti di una frequenza più o meno settimanale.

La bambina non ricorda niente e i genitori sono molto impressionati dall'evento.

Hanno già consultato il pediatra, che però non è stato utile nel modificare il sintomo neanche quando ha consigliato l'uso di farmaci ipnotici. Il pediatra ha consigliato in seguito di consultare uno specialista.

La bambina è particolarmente attenta a rispondere alle domande perché sente l'apprensione dei genitori. È figlia unica, la famiglia è molto unita e sembra non ci siano particolari difficoltà di relazione.

Cerco di capire se ci sono stati eventi nuovi che abbiano portato a un cambiamento o a qualche turbamento emotivo, ma senza risultato. Cerco di far rilassare la bambina per farle raccontare qualcosa che riguarda i suoi sogni, ma non ne viene fuori niente di interessante.

Alla fine della visita consiglio alla madre di cercare di ricordare

e di trascrivere tutti gli eventi rilevanti che hanno preceduto l'insorgere del problema.
Alla visita seguente viene solo la madre, la quale ha parlato con la figlia aderendo al mio suggerimento di provare a ricostruire gli avvenimenti.
Mi porge un foglietto e tra i vari appunti vedo che c'è scritto che la bambina qualche tempo prima dell'inizio del pavor nocturno ha visto un film a casa dei genitori di una sua compagna di classe.
Le chiedo se in quel film c'era qualche immagine che le è rimasta impressa e la bambina – che aveva tenuto nascosto alla madre la visione del film – sembra molto turbata e senza piangere, ma con parecchia tensione, chiede alla madre di uscire dall'ambulatorio. I bambini che si fidano possono permettersi di parlare direttamente.
Mi racconta una storia allucinante, di trapani e di assassini, le cui immagini non riesce ad abbandonare. La bambina ha visto tutto il film insieme all'amica, sottraendolo dalla videoteca dei genitori, e da allora anche di giorno le si presentano immagini ricorrenti e ripetitive.
Mi parla anche dell'amica, che ugualmente non riesce a liberarsi di quelle immagini, e dice che le rievocano spesso insieme vivificandone il ricordo.
Consiglio ai genitori di parlare anche con l'amichetta e di affrontare insieme il problema, tentando di ridimensionare e sdrammatizzare le loro paure.
I genitori aderiscono alla proposta e riescono ad attuarla, risolvendo il problema della figlia, che da dopo il colloquio con l'amica e con l'aiuto della famiglia non ha più presentato le tanto paventate crisi notturne.

A volte l'attrazione dei bambini (e adolescenti, ma non solo) verso il nuovo e l'inesplorato li porta a fare esperienze e sfide "limite" che sono troppo potenti e lasciano segni forti nella loro psiche. È un dato diffuso e non è facile evitarlo; tuttavia una buona condizione famigliare e dei rapporti comunicativi sereni permettono almeno di limitare certi traumi legati alle immagini e che sono impliciti nella quotidianità di ognuno.

❑ Le parasonnie tipicamente infantili sono spesso conseguenza di momenti emotivi difficili.

❑ In caso di pavor nocturno non svegliate il bambino anche se siete spaventati.

Sonnambulismo

Nelle determinazioni elettroencefalografiche si è visto che durante il sonnambulismo la corteccia motoria si attiva mentre le restanti parti del cervello sono silenti. Il sonnambulismo inizia nel sonno non-Rem e in genere si verifica nella prima parte della notte. Questi episodi si possono inoltre intensificare in situazioni che dilatano la fase non-Rem come per esempio durante la febbre, oppure nel caso di chi arriva a dormire dopo una consistente privazione di sonno.

Nei casi di sonnambulismo, il soggetto ha uno scarso controllo di una serie di gesti involontari che consistono talvolta in azioni sporadiche e circoscritte (come alzare e tirare le tende della camera, aprire la porta e così via), oppure in operazioni di una certa durata e complessità; anche se non necessariamente pericolose, queste manovre possono portare il soggetto lontano dal letto e vederlo compiere azioni anche prolungate ma che comunque non durano più di cinque minuti.

Sia i movimenti che le parole non sembrano presentare uno scopo preciso, e anche se durante la fase di sonnambulismo viene fatto un discorsino intelligibile, il soggetto non ne ha coscienza e il giorno dopo non ricorderà nulla.

❑ È difficile, e non consigliabile, riuscire a svegliare un bambino durante il sonnambulismo; se succede lo troverete in uno stato di confusione mentale e in alcuni casi può manifestare anche una reazione aggressiva.

❑ Meglio accompagnare e dirigere dolcemente il bambino verso il letto, aiutandolo a riprendere una posizione più adatta.

I genitori che hanno visto una volta i loro bimbi in giro per la casa nella notte dovrebbero prima di tutto cercare di assicurarsi che non vi siano pericoli fisici evidenti, anche se questo a volte non è così semplice data la varietà delle azioni svolte inconsapevolmente nel sonno.

Alcuni dati numerici possono però tranquillizzare. Statisticamente infatti fra il 10 e il 20% dei bambini manifesta almeno un episodio di sonnambulismo specialmente nel periodo dai 4 ai 6 anni di età. Per il bambino il sonnambulismo non rappresenta un particolare disagio e per il genitore sarebbe quindi meglio non caricarlo di pathos, e sarebbe soprattutto meglio guardarsi dal ridicolizzare o enfatizzare questi episodi, cosa che invece in famiglia spesso avviene caricando le audaci avventure del piccolo eroe notturno di particolari significati.

❑ **Il bambino "tenuto a freno" di giorno manifesta più facilmente episodi di sonnambulismo.**

Il sonnambulismo può trovare una spiegazione nell'eccesso di "compressione motoria", ovvero in situazioni conseguenti a momenti in cui il bambino viene tenuto molto fermo e controllato rispetto alle sue abitudini e alle attitudini. Il sonno può infatti rappresentare un momento di scarico di tutto quello che si è tenuto dentro nel corso della giornata o nel periodo precedente, sia dal punto di vista motorio che emozionale.

❑ **Il sonnambulismo può rappresentare uno sfogo emotivo causato da una rabbia repressa.**

L'inizio delle scuole elementari, dove il bambino sta fermo nel banco, determina generalmente un momento più favorevole per lo scatenarsi del fenomeno. In questi casi una opportuna attività motoria (sport, giochi che prevedono un'attività fisica) può essere di giovamento per evitare la crisi.

Il caso di L.

L. è una bimba di sei anni. I genitori sono separati da quattro e L. vive con la madre mentre vede il padre un fine settimana ogni 15 giorni. Al ritorno dalla visita paterna L. manifesta regolarmente uno stato di disagio e a volte episodi di sonnambulismo. La bambina viene in visita accompagnata dal padre che dà una interpretazione strumentale al sintomo della figlia dicendomi che la bambina soffre tornando a casa dalla madre perché quest'ultima ha un nuovo rapporto sentimentale e trascura affettivamente la figlia. La bambina sembra impaurita e in soggezione rispetto al padre che appare invece sicuro di sé, piuttosto aggressivo e convinto di ogni sua opinione.

È difficile in casi simili ricavare notizie attendibili da tutte le persone coinvolte e l'esperienza diventa più che mai utile nel poter valutare di volta in volta le situazioni di genitori che mettono in mezzo i loro bambini nelle situazioni di separazione.

In genere infatti i bambini tendono a "salvare" e a idealizzare il genitore più assente (in genere il padre) e a caricare invece di responsabilità colui che quotidianamente detta le regole e le fa rispettare.

È stato necessario diverso tempo per aiutare L. a superare gli episodi di disagio notturni, un aiuto che si è concretizzato sia con l'ausilio di un rimedio naturale che l'ha aiutata ad armonizzare i propri bioritmi sia soprattutto quando il padre, dopo numerose richieste e sollecitazioni, ha interrotto l'atteggiamento vittimistico e colpevolizzante nei confronti dell'ex moglie.

Iactatio capitis

L'addormentamento è un momento delicato per il bambino che deve abbandonarsi, lasciarsi andare, e perciò in genere si muove molto, e a volte con scatti improvvisi e ripetitivi.

Mentre alcuni tipici atteggiamenti di conforto si riscontrano praticamente in tutti i bambini, sia nei bisogni tattili (per esempio il contatto con l'orsetto peloso, con una stoffa morbida, il tocco dei capelli e così via), che in quelli orali (come succhiare il pollice, il ciuccio e così via), quelli ripetitivi durante il sonno si riscontrano raramente o addirittura episodicamente, ma esprimono sempre un certo disagio.

Alcuni bambini succhiano per esempio il pollice per buona parte della notte, cosa che se da una parte può essere considerata "normale" dall'altra è più frequente nei bambini allattati artificialmente e nei bambini allattati a orari fissi.

❑ Ogni volta che il bambino ritrova una situazione normale di conforto nei risvegli notturni il riaddormentamento sarà facile.

Mentre il toccarsi l'orecchio o i capelli per accompagnare il sonno è un fenomeno per lo più normale, i movimenti ritmici sottendono spesso un problema se vengono reiterati dopo l'anno di età.

I movimenti ritmici sono ricercati dal neonato se egli ha avuto un "imprinting" insistito nel prendere il sonno, come per esempio l'essere stato cullato troppo a lungo. È risaputo che il movimento ritmico calma il neonato e questi lo riprodurrà a volte in seguito da solo, dondolando la testa o cullandosi ritmicamente. Il dondolamento compensatorio può essere molto ripetitivo e anche molto energico, addirittura violento. Quando questi movimenti interessano il capo si parla di "iactatio capitis". Ora, se questi atteggiamenti vengono riprodotti anche di giorno il campanello d'allarme deve suonare più forte perché può segnalare una condizione di distacco, di noia o di solitudine. Uno stato che si può alternare a episodi di ipercinesia o di ansia motoria.

Si osservano per esempio episodi di "iactatio capitis" negli adulti lungamente provati e in tensione, un fenomeno associato alla "sindrome di movimento degli arti nel sonno".

L'alienazione del bimbo in questi casi deve essere attentamente considerata e affrontata psicologicamente dai genitori anche se questo non è semplice perché anch'essi fanno parte del sistema e sono sicuramente coinvolti.

❑ Attenzione: nei bimbi che succhiano troppo il pollice, la pressione esercitata sulle pareti del palato (che è molto elastico) può portare a deformazioni come il palato ogivale che in seguito andranno corrette dal dentista.

❑ Alcuni bambini manifestano un disagio muovendo ritmicamente la testa anche di giorno a significare abbandono, noia, solitudine.

Il caso di G.

G. all'età di sei anni ha iniziato la prima elementare e ha dovuto cambiare scuola perché l'imminente nascita della sorellina ha costretto i genitori a traslocare in una casa più grande, cambiando di quartiere.
A scuola G. si inserisce bene nel nuovo gruppo, va volentieri e torna contento.
Quando nasce la sorellina la mamma ha dei seri problemi post-partum e G. viene mandato a casa della zia dove vivono anche due cuginette della sua età a cui G. è molto affezionato.
Per i primi giorni G. è contento del cambiamento e anche molto eccitato dalla situazione, i genitori lo chiamano spesso e tutto sembra procedere per il meglio.
Dopo un paio di settimane G. si ammala di broncopolmonite e viene curato dalla zia che gli dedica molto tempo e affetto.
Quando guarisce dalla malattia è ancora più magro ed esile di prima e incomincia ad avere dei "tic". Dopo un mese che è lì inizia a manifestare problemi di insonnia, si mangia le unghie e muove ritmicamente il capo per cercare di addormentarsi.
La situazione viene esposta ai genitori che nonostante siano in difficoltà lo riprendono a casa e nel giro di pochi giorni senza nessun intervento particolare e gradatamente cessano tutti i disturbi insorti recentemente. G. riprende a frequentare la scuola volentieri, è più rilassato non manifestando più sintomi fisici.

Enuresi notturna

Verso i tre anni buona parte dei bambini (circa il 60%) cessano di fare la pipì a letto, ma si arriva al 90% solo verso i sei anni; i maschi hanno una tendenza maggiore a dilazionare i tempi di controllo della vescica rispetto alle femmine.

Nella maggior parte dei casi gli episodi di enuresi avvengono nelle prime ore del sonno e i bimbi che bagnano il letto tendono a entrare più rapidamente nel sonno profondo.

In ogni caso, come si è visto, l'enuresi è piuttosto diffusa fino a sei o sette anni e può collegarsi a diversi aspetti dell'infanzia. Innanzi tutto alla crescita psicofisica che procede in un certo senso "a scatti". Per esempio, dopo uno stato febbrile acuto o una malattia infantile, si mettono in moto meccanismi nuovi sia a livello fisiologico che mentale. In altri casi invece il bambino può avere una "regressione" che non rappresenta di per sé un disagio ma – in quel particolare momento – un ritorno in un territorio istintuale da lui meglio sperimentato.

L'enuresi notturna coincide quasi sempre con una situazione in cui il soggetto inconsciamente produce dei tentativi per attirare l'attenzione e il soccorso dei genitori. Come abbiamo precedentemente accennato, l'urinare inconsapevolmente, oltre che da una condizione predisponente, è determinato spesso dal verificarsi di un evento o di un consistente cambiamento nella vita emotiva del bambino.

❑ **Anche eventi non necessariamente traumatici come un semplice viaggio o un alterco tra i genitori possono indurre un ritorno dell'enuresi anche diverso tempo dopo l'abbandono del pannolino.**

È un fenomeno molto comune, ma bisogna porvi attenzione dato che un ritorno dell'enuresi può incidere negativamente sull'autostima del bambino e sul suo comportamento.

Fra i consigli più semplici per superare il problema c'è quello di non far assumere molti liquidi al bambino prima di dormire ma farlo piuttosto bere nel pomeriggio e abituarlo a fare la pipì prima di andare a dormire. Eliminare anche dalla dieta bevande eccitanti come la coca, pepsi e altre, così come andrebbero evitati il tè, la liquirizia, la cioccolata.

Per l'enuresi il pediatra propone in genere un trattamento farmacologico a base di sedativi come l'imipramina (un anticolinergico) che può essere efficace al momento ma non risolve il problema dato che, una volta interrotto, il problema si ripresenta se non è stata nel frattempo superata la causa principale dell'enuresi.

Il trattamento omeopatico risulta particolarmente efficace nei casi in cui va consigliato un allentamento delle tensioni e degli impegni quotidiani a carico del bambino.

Bruxismo

Digrignare i denti nel sonno interessa un numero elevato di bambini ed è un fenomeno che in alcuni di loro inizia prima di aver completato la prima dentizione come un tentativo di sollievo per la tensione gengivale dovuta alla crescita dentaria.

Il bruxismo è peraltro molto comune anche negli adulti specie nei periodi di tensione nervosa e può diventare anche motivo di seri problemi alla dentizione per l'erosione dovuta all'attrito tra i denti stessi. Nel bambino si può protrarre anche dopo la dentizione e divenire particolarmente rumoroso e fastidioso per chi gli dorme vicino.

Come tutti i sintomi di tensione, anche in questo caso occorre affrontare il problema prima ancora che i sintomi, cercando di di trovare le soluzioni all'interno della famiglia, per quanto i rimedi naturali possono aiutare ad affrontare il problema..

Somniloquio

Parlare nel sonno, anche concitatamente è un evento comune nei bambini (e negli adulti). Parlare nel sonno a volte si accompagna o precede un particolare stato di agitazione motoria soprattutto a carico degli arti e può preludere a uno stato di sonnambulismo. Il somniloquio si ritiene sia collegato con i sogni e ha comunque caratteristiche di innocuità anche se si protrae a lungo. I collegamenti con i sogni si evidenziano in modo particolare quando i contenuti del somniloquio si riferiscono alla quotidianità (avvenimenti scolastici, litigi e così via).

Mentre l'approccio convenzionale non dà particolare importanza al fatto di parlare nel sonno, la medicina omeopatica gli attribuisce un certo significato, non tanto perché lo consideri un problema in sé, quanto piuttosto perché rappresenta una caratteristica utile per prescrivere una cura finalizzata a migliorare le condizioni di salute generali del bambino.

Durante il sonno il bambino manifesta verbalmente situazioni emotive del proprio vissuto. L'espressione verbale è determinata da una connessione tra il sé e l'inconscio e rappresenta un fenomeno tanto comune quanto normale, e a volte utile per scaricare la tensione quotidiana.

Parte seconda

Che fare?

Situazioni ricorrenti

Tutti gli atteggiamenti eccessivi di ansia-paura-angoscia nei confronti dei propri figli sono umani e giustificabili ma andranno affrontati dal genitore stesso sotto il profilo psicologico. Chiedere aiuto rappresenta la prima possibilità, ma non tutti sono in grado di farlo per sfiducia nel prossimo, per saccenteria, per insicurezza, per avarizia ecc. Questi sono tutti sentimenti umani che non andrebbero penalizzati o negati, ma affrontati, così come si affronta un problema o una richiesta di responsabilità.

Quasi tutti i genitori si sono trovati prima o poi nella difficile situazione di non riuscire a consolare il proprio bambino o nell'impossibilità di aiutarlo a prendere sonno.

Avete escluso ogni causa fisica, eppure constatate che il vostro bambino è scontento, agitato, a disagio e vedete che qualsiasi cosa facciate non serve a dargli pace.

❑ **L'insonnia si può genericamente definire come un disturbo che riguarda la qualità, la durata e l'efficienza del sonno. È caratterizzata da difficoltà di addormentamento e/o da risvegli notturni precoci oppure da un sonno non riposante.**

Il bambino si rifiuta di andare a letto, non riesce a dormire da solo, si sveglia la notte e viene nel lettone, si sveglia presto al mattino ed è subito molto vivace... Se il problema di vostro figlio rientra in queste situazioni è bene sapere subito che si possono mettere in atto degli accorgimenti per affrontare il disagio. Ma se la situazione è veramente impegnativa, i genitori possono infatti entrare in difficoltà ed esaurire la loro disponibilità; certo dipende anche dal livello di tolleranza che cambia da persona a persona, ma quando questa giunge al capolinea occorre porvi rimedio.

❑ **Spesso sono proprio le madri più affettive e tenaci che alzano bandiera bianca e non ce la fanno più.**

La nascita di un bambino domina completamente la scena della famiglia almeno per i primi anni e se il vostro bambino presenta qualche problema, se è ad alto bisogno di attenzioni o se la situazione famigliare è in crisi, occorre trovare energie nuove per affrontare i problemi.

Spesso quando l'insonnia dei bambini colpisce un sistema famigliare già fragile o poco preparato finisce per dare il colpo di grazia e far naufragare un matrimonio o provocare reazioni violente che stanno alla base dei frequenti – e spesso sommersi – maltrattamenti subiti dai bambini di tutto il mondo.

Comunque le situazioni che potrete vivere sono varie e variano di giorno in giorno. Ve ne presentiamo alcune più tipiche:

❑ entrambi i genitori sono contenti che il loro bimbo dorma nel letto con loro per tutta la notte;
❑ uno dei genitori, se dorme da solo, vuole la compagnia del bimbo fino a quando non arriva il partner;
❑ uno dei due tollera la presenza del bambino e l'altro no; uno dei due genitori può in questi casi lasciare il letto e, se c'è, andare a dormire in un altro letto o in un'altra stanza;
❑ il bambino si addormenta nel lettone e quando lo si vuole spostare nel suo lettino si sveglia e non ci vuole andare;
❑ il bambino si sveglia nel suo lettino, arriva nel lettone e ci rimane...

Potremmo andare avanti e vedremmo che per ottimizzare alcuni atteggiamenti possono essere utilizzate tecniche diverse a seconda delle situazioni. Se la famiglia è composta da un solo genitore, o i genitori sono separati, le cose si possono complicare per certi versi.

Ci sono bambini che dormono ovunque e che con disinvoltura cambiano ambiente e situazione senza nessun apparente contraccolpo. A volte il bambino si addormenta bene dai nonni, anzi meglio che con i genitori con i quali può in genere liberare le sue emozioni; altre volte il bambino dorme bene solo da uno dei due genitori, oppure dorme meglio con la babysitter che con mamma e papà, per cui il problema può sussistere solo parzialmente e può essere disconosciuto.

Il mio bambino non vuole andare a letto

«Oggi sono stata brava, ho fatto tutto per bene, ho fatto anche due lavatrici: si sa che con i bambini il bucato triplica! Sono riuscita a pulire tutta la casa, a cucinare e nel frattempo sono riuscita a stare con il mio bambino, l'ho fatto giocare e ci siamo anche divertiti.

Poi gli ho dato da mangiare per bene e nel pomeriggio l'ho messo a letto. Ha dormito quasi due ore e nel frattempo ho stirato tutto l'arretrato. Sono uscita con lui e l'ho portato ai giardini per un'oretta, poi siamo andati a fare la spesa e una volta tornati a casa ho cucinato per tutti.

Mio marito è arrivato alle otto, un po' stanco ma sorridente, abbiamo mangiato insieme anche se dare da mangiare al piccolo è sempre molto impegnativo per cui non riesco mai a sedermi a tavola. Il bambino vuole sempre quello che non c'è e mio marito perde la pazienza, accende la TV e si eclissa.

Poi ho sparecchiato, lavato i piatti e fatto il bagno al bambino, gli ho lavato i denti, messo il pannolino, il pigiamino, l'ho portato nel suo lettino con il suo orsetto e...lui che fa? La solita bizza e non vuole entrare nel lettino, ma neanche nel lettone, insomma vuole rimanere alzato a gozzovigliare.

Faccio di tutto per calmarlo, tento di addormentarlo più volte ma non ce la fa a prendere sonno e non si calma con niente, parla in continuazione, piangiucchia e vuole che gli racconti una storia dietro l'altra.

Che faccio? Chiedo il cambio con mio marito ma lui s'innervosisce, poi viene anche lui e tenta di farlo dormire ma senza risultato e torna ancora più arrabbiato sul divano davanti alla TV.

Non ce la faccio più! Sono una incapace mi dico! Mi sento insicura, senza risorse, sfinita, sola, senza nessun aiuto...».

L'ora di mettersi a dormire è un momento delicato sia per il bambino, che si deve lasciare andare, sia per chi l'addormenta. Il genitore addetto all'addormentamento agogna di solito a quell'ora il suo spazio e il relativo relax e non è affatto un compito leggero espletare tutti i rituali preparatori per la notte che a seconda dell'età e dell'atteggiamento del bambino possono essere piuttosto lunghi e laboriosi.

Ci sono padri che si dedicano con pazienza e gioia all'addormentamento del bimbo, cosa che se non sembra di per sé importante, rappresenta invece per la mamma un aiuto di un certo rilievo specie se i tempi sono nell'ordine delle mezz'ore e non dei minuti.

Trovare il ritmo giusto

Tutti i problemi riguardanti norme igieniche, alimentazione, stili di vita e comportamenti si prestano a varie interpretazioni: cercare consigli a destra e a manca è utile ma può confondere le idee: le opinioni, specialmente quelle espresse dai media, hanno spesso orientamenti fluttuanti e si prestano a varie interpretazioni. Essere aiutati non significa recepire supinamente o entusiasticamente consigli eterogenei, ma ottenere informazioni e farsi un'idea propria su un certo argomento: il sonno dei bambini è un argomento che non fa eccezione.

A volte dopo aver sentito dei pareri su un problema delicato come il sonno dei bambini ci sentiamo più confusi di prima. La verità è che nessun suggerimento è universalmente valido, ma deve essere contestualizzato a ogni singolo caso.

Un elemento deve essere tenuto sempre ben presente. L'ora della nanna varia a seconda delle stagioni, delle abitudini famigliari, delle caratteristiche costituzionali del bambino, dalle sue condizioni contingenti. Solo tenendo presente questo quadro generale ogni bambino deve essere aiutato a trovare un suo ritmo in relazione al suo dispendio energetico, ai pasti e alle sue ancora fluttuanti abitudini.

Per "decondizionare" un bambino da eventuali vizi serotini che portano a un disturbo del sonno, come l'addormentarsi a tarda ora, occorre procedere sempre gradatamente anticipando progressivamente l'orario del sonno fino ad arrivare a quello più adatto. Se siete in grado di riprodurre una situazione di routine più adatta al vostro bambino e con sequenze a lui più congeniali potrete insegnargli a dormire a orari adeguati, anche se i genitori sono abituati a coricarsi più tardi. È evidente che un sonno riposante è condizionato dagli orari e dall'atmosfera emotiva che aleggia in prossimità delle ore notturne.

In ogni caso, una volta che avete fissato gli orari e i rituali, accompagnate a letto il bambino e rassicuratelo con la vostra presenza: il che naturalmente non vuol dire stargli con il fiato addosso o parlargli dei vostri problemi quotidiani, significa solo dargli il senso della presenza e della vicinanza.

❑ È utile collocare il lettino in un ambiente tranquillo, lontano da stimoli sonori e luminosi.

❑ Se i genitori parlano sommessamente vicino al piccolo questi spesso si calma e si addormenta.

Anche se per vari motivi non è mai stato fissato un orario per l'addormentamento, cercare di dare progressivamente un ritmo può risultare utile (e possibile). Se infatti il bambino viene lasciato a se stesso fino a quando non crolla, può reggere anche a lungo prima di addormentarsi ma questo porterà con sé un disturbo del sonno con risvegli notturni frequenti dovuti alla difficoltà a rilassarsi.

Ci sono del resto studi che evidenziano una certa lentezza ad adeguarsi e ad assumere un ritmo regolare del sonno in bambini che si sono abituati ad andare a dormire tardi: in questi casi occorre ancora di più sforzarsi per differenziare chiaramente le attività diurne da quelle notturne, cercando di far trovare al bimbo una situazione quieta per potersi abbandonare.

❑ Un modo di porsi tranquillizzante e sicuro può calmare più facilmente un bambino che un atteggiamento ansioso, ambivalente o isterico.

❑ Occorre dare appena possibile al bambino l'opportunità di addormentarsi da solo.

Spesso una paura primordiale del genitore anche se giustificata – sarà ancora vivo? respira bene? – favorisce fin dai primi tempi l'incessante visitazione del bambino che a volte viene addirittura svegliato per rassicurare il genitore ansioso.

I nonni

I nonni: quasi sempre è una vera fortuna che esistano, eppure possono talvolta interferire anche pesantemente con i genitori nel dettare i ritmi e le regole nella gestione quotidiana del bambino. Le generazioni passate – con tutte le eccezioni possibili – sono più spartane e semplicistiche per quanto riguarda i bisogni affettivi e più attente alla sopravvivenza materiale, anche se particolarmente lassiste di fronte a certe regole come per esempio l'atteggiamento nei confronti di una corretta alimentazione.

Tipica da questo punto di vista è la somministrazione continua ai nipotini di ogni genere di dolciumi e bibite senza tenere conto che anche loro dovranno soffrire dal dentista: più forte di tutto è l'istinto di saziarli.

❑ **È importante che nei riguardi del sonno il bambino che dorme dai nonni venga sottoposto a regole per lo meno simili a quelle adottate usualmente dai genitori e soprattutto che non gli si sottopongano situazioni conflittuali del tipo: "da noi sì che stai bene..."**

Tecniche per calmare

È evidente che ogni tipo di intervento dipende dalle età del bambino oltre che dalle sue caratteristiche e propensioni individuali. Ma sempre, quando il genitore non ce la fa a reggere, situazione peraltro assai frequente, occorre prendere dei provvedimenti tempestivamente perché i risvegli continui, specie se si è reduci da mesi e a volte anni di lotte notturne, portano i genitori a un affaticamento a volte insostenibile.

Oltre ai rimedi che andremo a vedere, sia farmacologici che psicologici, che possono aiutare ad affrontare il problema, occorre che i genitori siano attenti a valutare le loro forze e se sono in debito di ossigeno lo manifestino apertamente senza reggere eroicamente e poi crollare rovinosamente qualora le forze vengano a mancare.

Tenete in considerazione che queste situazioni di esasperazione sono statisticamente stimate come una delle prime cause di separazione, ed è quindi opportuno valutare bene le proprie energie per far fronte alla situazione.

È risaputo che i movimenti ritmici facilitano il rilassamento a ogni età, e gesti come il dondolare e il cullare sono istintivi, così come il succhiare: tutte funzioni che facilitano l'addormentamento. Anche alcune abitudini consolatorie come succhiare il dito oppure torcere e tastare i capelli sono poi di complemento alle condizioni che favoriscono il relax e il sonno.

A ogni latitudine la culla è il luogo di rilassamento per eccellenza del neonato: in Oriente sono diffuse delle culle sollevate da terra e tenute da una molla governata di un meccanismo elettrico che regola il movimento ondulatorio... le madri in questo modo possono occuparsi di più figli contemporaneamente.

Anche l'avvolgere il bambino in un tessuto (di lana in inverno) produce un effetto rilassante. Non tutti i bambini però amano essere contenuti e alcuni di essi scalciano e si irritano se gli vengono avvolte le gambe.

Il contatto fisico, specie quello della madre rappresenta una forma di rassicurazione ed è alla base di ogni forma affettiva di accudimento; molti bambini lo richiedono come forma di rilassamento indispensabile almeno nei primi mesi di vita.

Il neonato vive una condizione istintuale in cui tutto è subordinato al bisogno di essere accudito e nutrito. L'accudimento materno viene richiamato dal neonato con il pianto.

Il bambino riconosce la voce della mamma e fin da quando era nell'utero risponde alla sua voce con movimenti del corpo. Oltre al contatto fisico le madre può parlare, canticchiare ecc. rassicurando così il proprio bambino.

Ci sono casi in cui il bambino non vuole separarsi da voi e la causa della protesta e del pianto è proprio questa. Può diventare una necessità continua e assillante che instaura una relazione madre-figlio morbosa dove la privazione del contatto diventa motivo di un senso di abbandono e allontanamento che può essere intollerabile anche per entrambi.

Tutti i bambini necessitano di più momenti di rilassamento e non di una sola e ripetitiva modalità: un bagno caldo, una canzone, una storia, un massaggio, cercando sempre di evitare giochi e attività stimolanti che possono piuttosto essere rimandate al mattino successivo, se le energie dei genitori lo permettono.

Proponiamo alcuni brani musicali che sono di particolare aiuto per rilassare il bambino e favorire il sonno.

J.S. Bach: Terzo concerto brandeburghese
W.A. Mozart: Prime sinfonie, Sinfonia n. 17 K 129
M. Ravel: Opere per pianoforte
F.J. Haydn: Quartetti per archi
F. Chopin: Notturni
C. Debussy: Clair de lune

In generale con i "Notturni" si ottengono buoni risultati, così come con la riproduzione di suoni naturali, per esempio quello dell'acqua che scorre.

Il caso di L.

L. è un bimbo di tre anni che dorme solo a stretto contatto con la mamma. La madre ha instaurato questa stretta relazione fin dai primi mesi di vita perché il bambino piangeva appena lei si allontanava, specie al momento di dormire; il bambino piangeva rumorosamente e i vicini di casa si erano mostrati molto infastiditi arrivando al punto di minacciare la madre (il padre non c'è) di avvisare il "telefono azzurro" se il bambino avesse pianto per più di cinque minuti... Intimorita e avvilita da queste minacce, sola e poco aiutata dalla famiglia, la madre prese a mantenere l'atteggiamento di continua vicinanza per non far piangere il bimbo, arrivando a tenerlo durante il giorno a contatto stretto attraverso un marsupio anche quando faceva le faccende domestiche. Solo che, in maniera del tutto indipendente, i vicini

sono stati ricoverati per evidenti problemi psichiatrici, la situazione ha potuto evolvere grazie al venir meno dell'angosciante incombenza dei vicini folli che costringevano a un controllo forzato la relazione tra la mamma e il bimbo.
Ci sono voluti mesi per decondizionare il rapporto e rendere entrambi più liberi e indipendenti, ma il semplice allontanamento di una causa esterna disturbante ha risolto il problema dell'insonnia.

Per decondizionare il rapporto è stata messa in atto questa sequenza di azioni: differenziare meglio la notte rispetto al giorno; mettere a letto il bimbo da sveglio dopo un bagno caldo e un breve massaggio; aiutarlo a prendere sonno da solo senza correre subito al primo richiamo; tranquillizzarlo con parole e ritmi rassicuranti; alternare con un'altra persona l'addormentamento del bambino.

Sebbene questa sequenza sia stata efficace in un caso particolare, si tratta di uno schema riproducibile in altre situazioni in cui si palesano disagi generici che condizionano l'addormentamento.

Tenete sempre presente che il comportamento dei genitori ha una incidenza determinante sull'equilibrio del bambino in tutte le sue attività e il bisogno di mamma non è un semplice capriccio, soprattutto nel corso del primo anno di vita, ma una necessità primordiale e biologica. D'altra parte tenete anche in considerazione che i genitori devono essere sempre ben consapevoli delle proprie esigenze, cercando di soddisfarle altrimenti avranno presto l'impressione di venire risucchiati e travolti dai bisogni dei loro figli. Questo può innescare un circolo vizioso che si ripercuote sullo stato emotivo dei figli.

Trovare un equilibrio tra queste due esigenze non è infatti sempre facile: la nascita di un figlio è un'occasione per crescere e conoscersi meglio. Se il genitore conosce questi meccanismi sarà più consapevole delle sue capacità ma anche dei suoi limiti. Avrà quindi l'occasione di affrontarli con maggiore lucidità e praticità, senza risentimenti nei confronti della nuova situazione irta di complessità e difficoltà a volte insormontabili, capaci di portare a traumi e a separazioni nella famiglia.

❑ **Quando si adotta un programma è fondamentale essere coerenti e uniti nell'intendimento.**

Per esempio l'approccio per spostare l'orario di addormentamento del bambino va concordato tra i genitori e tutte le eventuali altre figure coinvolte; lo spostamento inoltre deve essere graduale. Il rituale del cambio, del bagno e la preparazione del sonno dovrebbero avvenire appena prima di dormire e non molto prima così da permettere al bambino di associare le due cose. Oltre a spostare gradatamente l'orario, anche la presenza del genitore va progressivamente "scalata".

❑ **Se avete problemi a trattenervi dall'accorrere immediatamente al primo pianto, ricordate che lasciare il bambino nel lettino con i suoi oggetti preferiti favorisce l'indipendenza e di conseguenza il rilassamento.**

Il mio bambino si sveglia e viene nel lettone

Si tratta di un evento comune che ogni genitore ha sotto gli occhi, o meglio sotto le lenzuola. Spesso appena lo lasciate solo, il bambino – anche se si è addormentato – percepisce la vostra assenza e si risveglia, specie se lo avete abituato a un accudimento fisico assiduo. Se il bambino dai 4-5 anni in poi si sveglia regolarmente la notte, quando si alza avanzerà anche delle richieste. E se voi gli darete soddisfazione, accettandolo supinamente nel lettone, egli capirà che la sua perseveranza è vincente; se invece lo accompagnate fermamente e dolcemente nel suo letto egli percepirà la vostra fermezza e pazienza e avrà meno occasione di operare le sue incursioni notturne.

Anche in piena notte (se ne avete la forza) il solo atto di riportarlo nel suo letto è un'azione che scoraggia il piccolo a tornarci. In questo caso inoltre il bambino dormirà più a lungo e meglio nel suo letto che nel vostro.

A proposito del lettone, ricordate che occorre evitare che il bambino invada tutti i vostri spazi così come è meglio evitare che usi il vostro cellulare come fosse un suo gioco, che vi sequestri o nasconda le chiavi di casa nella sua stanza o manovri la televisione a suo piacimento.

Il caso di S.

Dall'età di quattro anni, quando è passato dal lettino a cancelli a un letto normale, S. si alza tutte le notti e si infila nel lettone dove si riaddormenta russando rumorosamente a causa delle sue adenoidi ipertrofiche. I genitori da quando la cosa ha preso un andamento sistematico hanno cominciato a prendere delle precauzioni rivelatesi improduttive riaccompagnando la notte il bambino più volte nel suo lettino.
In seguito, durante una delle sue alzate notturne, il bambino è stato sgridato pesantemente dal padre e da quel momento ha modificato il suo comportamento alzandosi sempre la notte ma infilandosi di soppiatto dalla parte del padre e facendogli sulla schiena la pipì per poi allontanarsi e ritornare nel suo lettino.

In questo caso il bambino viene messo con le spalle al muro in modo deciso. Non riesce più a trovare soluzioni e sentendosi rifiutato punisce il genitore autore del gesto definitivo urinandogli addosso.

Anche senza arrivare a questi livelli, in effetti se vostro figlio si sveglia e scende dal letto quando voi siete già coricati le cose si complicano. Sì, il bambino già svezzato ha magari dormito con voi in periodi o in momenti particolari o con degli orari limitati e questo può essere stato gratificante, ma a un certo punto la cosa può diventare "scomoda": diventando grandi nel lettone si sta sempre più stretti e si dorme sempre meno.

Ci sono bambini che quando arrivano nel lettone si acquattano silenziosi e riprendono il sonno; altri invece più bisognosi di attenzione svegliano i genitori e frignano o fanno delle richieste che vengono in genere male accolte nel pieno della notte. Se vostro figlio si infila silenziosamente nel letto e non si muove molto, in genere regge fino al mattino, mentre se il bambino si agita è più facile riportarlo nel suo lettino e aiutarlo a riprendere il sonno, anche se poi si va incontro a facile recidive. Per farlo riaddormentare occorre comunque essere piuttosto fermi senza tante manfrine, rassicurandolo e lasciandolo addormentare da solo.

Esistono anche altre possibilità più spicciole, come chiudere la porta o mettere un materassino accanto al lettone dove vostro figlio può accucciarsi, invece che nel vostro letto, durante sue scorribande notturne e ci sono anche genitori che si sbizzarriscono mettendo campanellini o "allarmi" vari alle porte che annunciano l'arrivo dell'inquilino e ne rendono possibile la rapida neutralizzazione prima che metta piede nel letto.

Comunque sia, la faccenda non è mai di facile risoluzione anche se il bambino non manifesta particolari disagi che accompagnano i suoi risvegli.

Il caso di E.

All'età di sette anni, già abituato da tempo a dormire da solo senza problemi, E. ha iniziato ad avere numerosi risvegli notturni e ad avere paura dei mostri dopo aver visto un film (è rimasto impressionato dai basilischi di Harry Potter 2).

I risvegli hanno trovato una risposta ferma e amorevole da parte del padre, che si alzava la notte e lo rassicurava regolarmente riaccompagnandolo nel suo lettino e a volte coccolandolo a lungo. Ma la porta dei genitori rimaneva chiusa.

Il metodo della porta chiusa nella camera dei genitori ha portato però il bambino a esplorare nel corso delle sue veglie notturne le altre stanze della casa e a cercare attività varie. In questi casi diventava più difficile riaccompagnarlo nella sua stanza e comunque il bambino si sentiva solo e triste. I genitori avevano scoperto che si alzava e non veniva neanche più verso la loro stanza, ma se ne stava in sala al buio, a volte cercando di far funzionare il videoregistratore per vedere le sue videocassette preferite di cartoni.

Solo quando il bambino è stato portato a dormire nel letto con i genitori per un certo periodo ha potuto riprendere a dormire nella sua stanza senza svegliarsi e manifestare più le sue paure.

Il piccolo quando trova la porta chiusa non ha più il coraggio di entrare nella camera dei genitori e questo lo fa sentire ancora più isolato ed estraniato, vaga pertanto per la casa alla ricerca di soluzioni. In un certo senso l'intervento dei genitori è riuscito, ma il bambino si sente abbandonato e senza risorse. Solamente dopo un intervento di vicinanza affettiva da parte loro si può riattivare un circuito di rassicurazione e protezione per cui il bambino può riprendere fiducia e superare le paure.

Tutto questo per dire che io non credo esista un sistema perfetto o infallibile per risolvere i problemi del sonno: se il bambino presenta un disagio questo va capito e non semplicemente negato. Per i genitori non esiste un atteggiamento consono ripetibile e i metodi che vi possono essere proposti sono sempre imperfetti e non generalizzabili. Un messaggio semplice e anche un po' scomodo che invece vi proponiamo è semmai quello di chiedervi "il perché" di un determinato gesto.

Il mio bambino si sveglia presto al mattino

«È ancora buio. Mio figlio piange nel suo lettino come al solito: un'altra levataccia. So che poi non si riaddormenterà più... cerco di posticipare il momento definitivo di alzarmi, dormicchio ancora un po' mentre lui urla e chiama dicendomi "andiamo di là a bere il lattino e a far colazione".

Mio marito non ce la fa, è stanco anche lui e si è già alzato stanotte. Abbiamo aspettato dieci anni prima di avere un figlio, questo per essere più maturi e pronti, ma io non mi sento per niente pronta neanche adesso.

Eravamo abituati bene, ci alzavamo alle nove del mattino (non alle sei come adesso), ci facevamo un po' di coccole, poi una bella colazione prima di uscire per il lavoro.

Adesso tutto è cambiato, pagherei non so quanto per un altro po' di sonno ma non posso, il bimbo ha fame come tutte le mattine, si alza in gran forma, è bello allegro e pimpante, mangia e poi vuole giocare con me per tutta la mattinata».

I risvegli precoci mattutini per alcuni rappresentano un vero incubo, e specialmente se accompagnati da altre motivazioni possono portare a delle crisi personali anche serie. Di riflesso anche i figli saranno coinvolti dalla tensione e dal malessere e diventeranno a loro volta nervosi, scattosi e tristi.

Cominciamo con il chiarire un punto. Se il bambino va a letto fra le otto e mezza e le nove di sera (e voi siete nottambuli) è del tutto normale che dopo dieci ore si svegli fresco e riposato e desideroso di vivere, mentre per voi potrà diventare un calvario alzarvi a quell'ora specie se siete abituati diversamente e comunque nei sabati e domeniche in cui non lavorate. Ma prima o poi sarete obbligati a calcolare le vostre ore di sonno in funzione delle sue.

❑ **Anche se potete ritardare di un po' l'orario della nanna se siete abituati a coricarvi tardi, siete voi che dovete adeguarvi al sonno del bambino e non viceversa!**

Tenete presente che un bambino che si addormenta tardi (cioè se è lui che si adegua) ve la farà pagare con dei ritmi alterati e con energie facilmente perturbate. Non rispettare i suoi ritmi è anche un segno di trascuratezza nei suoi confronti che può avere dei riflessi anche nelle altre componenti dell'accudimento (l'alimentazione, lo stare insieme...) e può crearvi dei sensi di colpa notevoli.

Ci sono però molti casi in cui non solo il bambino si sveglia molto presto al mattino già pronto alla vita diurna ma presenta anche altre difficoltà del sonno.

A volte lasciando un po' di luce e alcuni giochi nel letto si può abituare il bambino a procrastinare l'ora della veglia attiva e fare anche in modo che non pianga. Questo vale tuttavia con i bambini sopra i due anni mentre prima non funziona: fino ad allora la sveglia è determinata quasi esclusivamente dalla fame e quindi il bimbo deve essere nutrito subito. In alcuni casi può semmai essere utile farlo mangiare un po' di più la sera: sempre che questo non produca un sonno agitato per la digestione, il bambino dovrebbe essere meno affamato il giorno seguente e quindi dormire di più al mattino.

Alcuni genitori lasciano addirittura il biberon con il latte nel lettino del bimbo che al risveglio si può servire da solo e dopo averlo bevuto può perfino riaddormentarsi. In questi casi fortunati i genitori riescono a non svegliarsi fino al secondo risveglio del proprio piccolo. Ma se il bambino è più grande e tutti gli accorgimenti si rivelano inefficaci allora verrà inesorabilmente da voi.

Alcuni suggeriscono di dare delle ricompense ai bambini che si alzano più tardi offrendo loro dei regalini o cibo gratificante. Non ho esperienze dirette in tal senso ma ritengo che questo meccanismo possa portare a delle forme di dipendenza; se il risultato non viene ritenuto accettabile da parte dei genitori, inoltre, il bambino sarà sottoposto a delle prove nevrotizzanti per raggiungerlo. Semmai bisogna ricordare che il sonno pomeridiano può condizionare i bioritmi e di conseguenza i risvegli mattutini. Quando il "sonnellino" viene interrotto si avrà una ripercussione su tutti gli orari e spesso avrà un risveglio anticipato rispetto a prima.

Il cambiamento

Ho cercato di presentare un panorama di situazioni e problematiche eterogenee in modo da poter inquadrare alcuni eventi reali e concreti che più spesso si vengono a creare nella quotidianità. Ho cercato anche di mostrare alcune proposte specifiche e alcuni suggerimenti da dare nelle diverse situazioni che caratterizzano l'insonnia del bambino.

Ma a questo punto è chiaro che ogni problema non può essere completamente codificato o peggio schematizzato perché ci sono mille variabili individuali e non traducibili in un protocollo o in una strategia precise di intervento, sia esso convenzionale oppure no.

Ricordiamo che la famiglia è un sistema composto in cui ogni nuovo nato è soggetto a complicate interazioni emotive, affettive, di stile di vita... Ogni nascita "complica" in qualche modo il sistema e aumenta il numero delle possibili interattività. Tutte variabili che naturalmente hanno entità e incidenza diverse non solo nella determinazione di un problema del sonno ma per tutti i riferimenti esistenziali del bambino.

Del resto, per affrontare qualsiasi problema della propria esistenza occorre cercare di capire prima quello che sentite e chiedervi: "perché?"

Avviare un processo di cambiamento di alcuni atteggiamenti è alla base del percorso per giungere a uno stato di maggior consapevolezza di noi stessi, dato che la famiglia prima di diventare un sistema è l'insieme dei singoli con le loro personali caratteristiche, aspettative, problematiche.

Capire come nasce un conflitto dentro di voi può portare a grandi cambiamenti interiori e perfino alla soluzione del problema: queste parole sono il "refrain" di numerosi approcci psicologici ma non sono retoriche o vuote.

Ricordate anche che se avete individuato una vostra specifica responsabilità (per esempio un eccesso di attenzioni, un allattamento prolungato e senza soluzione di continuità, o viceversa una prolungata assenza), cercate di non colpevolizzarvi. La colpa è un altro dei cento possibili meccanismi di difesa per eludere il problema e non affrontare il conflitto.

❑ **Se vi preoccupate troppo e andate in ansia, spendete delle energie inutili e sperperate la vostra vitalità senza arrivare nel merito della questione.**

A volte non si riesce a individuare subito delle ragioni precise per l'insonnia del bambino, anche se le cause ci sono sempre; in questi casi bisogna allora spostare il problema sul come queste cause vengono cercate. È un modo di porvi che, nell'educazione di vostro figlio, vi servirà in ogni occasione in cui dovrete affrontare un atteggiamento che copre un disagio (vostro figlio è chiuso, è bugiardo, è violento, non studia...).

Quindi in questi casi dovete farvi aiutare e consigliare per migliorare una situazione disagevole per tutti. Nascondere, negare, tirare avanti senza intervenire sperando che la situazione si aggiusti da sola, non fa che aggravare il problema, qualsiasi esso sia, specialmente se ha una certa consistenza e vi fa soffrire molto. Tutti vorremmo delle formule semplici ed efficaci, consigli rapidi e gratuiti, ma il percorso a volte è tortuoso e le soluzioni sono spesso complesse e articolate; di certo se non vi impegnate al cambiamento tutto si può fermare al primo ostacolo che diventa insuperabile.

Come nasce un conflitto?

Prendiamo in esame una situazione in cui il bambino soffre d'insonnia perché la madre è per motivi diversi eccessivamente attaccata a lui, come abbiamo visto nel caso di L. (pp. 78-79).

Se si cresce in una famiglia con determinati valori, come quello di una vicinanza affettiva eccessivamente apprensiva propria della "mamma italica", si possono produrre tipi diversi di reazioni nel bambino. Il limite tra avere molte attenzioni e il subirle può essere a volte molto sottile e dipende da come il rappporto affettivo viene vissuto. Il bambino può aderire e richiedere affetto e coccole a volte sconfinate oppure può rifiutarle perché si sente invaso: in genere i meccanismi reattivi sono questi due.

È un elemento che si riscontra anche in altre situazioni. Perfino l'acquisizione di un determinato valore, come per esempio "la generosità" in cui il soggetto può identificarsi se ben proposto dalla famiglia, può nel tempo portare a una situazione conflittuale. Se infatti in tutte le acquisizioni dei tratti della personalità (comunicazione, organizzazione e così via) l'adesione al modello famigliare è di solito il meccanismo più adottato, il meccanismo opposto ovvero il non aderire al valore che la famiglia propone, il non voler assomigliare ai genitori è altrettanto potente.

Ma il conflitto come nasce?

Ritorniamo al bambino "generoso", dativo, attento ai bisogni dell'altro, a volte tendenzialmente passivo nel senso che antepone gli altri a se stesso. Questo soggetto crescendo, diventando adulto, entrerà sempre più in contatto con i propri bisogni.

Se in precedenza non è stato abbastanza valorizzato e amato, a un certo punto della sua vita entrerà in uno stato d'ansia, di angoscia o di malessere perché la sua abitudine a essere generoso entra in conflitto con la sua parte "bisognosa", che necessita protezione, attenzione e tante altre cose.

Se questo succede nei confronti del proprio bambino, la madre può mascherare con un eccessivo attaccamento verso il proprio figlio tutta la sua dimensione bisognosa. Un attaccamento morboso al proprio figlio può in realtà nascondere un antico bisogno affettivo soppresso.

Ora: proprio prendere coscienza di questo aspetto è l'unica possibilità da parte della madre di liberare il figlio – e quindi se stessa – dalla morsa dei suoi bisogni inespressi e misconosciuti. Ma per procedere in tal senso occorre farsi aiutare da persone che abbiano una particolare esperienza in merito.

Un intervento adeguato non solo può risolvervi il conflitto ma evitare anche le premesse per non portare vostro figlio a diventare ansioso, sradicato o eccessivamente aggressivo.

Il risultato di un percorso che conduce a una progressiva presa di coscienza dei motivi che vi hanno portato a un certo atteggiamento finisce sempre per aumentare la sicurezza e la fiducia in se stessi.

È noto che chiunque tende istintivamente a ripetere un'esperienza piacevole. Nei confronti dei piccoli a volte questa è legata a un eccesso di attenzione e interesse da parte del genitore (per esempio in un accudimento morboso) che potrà incoraggiare e mantenere quel meccanismo di richiesta e di dipendenza instauratosi e che così pregiudica spesso tutte le fasi del sonno del bambino e quindi dell'adulto.

❑ **Se il bambino ottiene tutto quello che vuole insistendo o piangendo a oltranza, egli cercherà di ripetere il meccanismo in ogni circostanza.**

❑ **Per destrutturare e cambiare questa modalità occorre che il genitore sappia riconoscerla, sia disponibile a cambiare, lo faccia con un metodo adatto ai suoi mezzi anche culturali, sia paziente e sia convinto che il cambiamento giovi.**

Tutti potrebbero prevenire il procedimento prima che questo diventi ripetitivo, ma si sa anche che non è così semplice depistare le richieste assillanti di un bambino semprechè legate al comportamento di una madre troppo ansiosa che fin da piccolo gli evita le necessarie esperienze formative.

Il bambino amato adeguatamente, così come un neonato tenuto in braccio e coccolato a dovere, fa le esperienze che lo preparano per il successivo sviluppo verso l'acquisizione di una vera fiducia in se stesso. Per i problemi legati al sonno valgono le stesse regole: un bambino gratificato dalla vostra presenza continua cercherà di stare con voi il più possibile. Se durante il periodo dell'allattamento nelle ore notturne questo è stato utile e necessario, in seguito qualcosa cambia... Il bambino cresce e vi obbliga a cambiare.

Ci sono genitori che passano ore per farlo addormentare e cantano, raccontano, ninnano e giocano finché si addormentano anche loro; anzi a volte loro si addormentano prima e il bambino rimane sveglio e ancora desideroso di portare avanti questo gioco gratificante.

❏ Ricordate che modificando il vostro atteggiamento modificate anche quello del bambino: cercate di trovare la vostra misura.

Questo non vuol dire che il bimbo debba essere lasciato solo o che se si sveglia la notte con un problema debba essere lasciato a se stesso e ai suoi orsetti. Egli ha i suoi bisogni e anche se svegliarsi la notte è faticoso, per un genitore è istintivo rispondere al pianto del suo bambino. Un bambino sopravvive a situazioni anche molto dure, ma ne mantiene i segni. Se un bambino cade e si fa male e voi non lo soccorrete con affetto o se è preda di una paura e voi non lo rassicurate, magari si abituerà a far finta di niente e a superare il disagio; ma non lo dimenticherà, subendo una forma di distacco e di abbandono che prima o poi si manifesterà psicologicamente con un disagio e molto spesso anche con problema, da adulto, di insonnia.

❏ Dovete sempre considerare che se il vostro piccolo cresce bene, mangia, dorme, gioca, è allegro, socievole ecc. è difficile che abbia sotto sotto qualche serio problema. Preoccuparsi troppo significa disperdere energie preziose.

❏ Il bambino lasciato a se stesso può far finta di niente, ma non dimentica, diventa presto responsabile ma anche insicuro e non si fida più di nessuno.

❏ Ogni genitore dovrà avere fiducia nelle capacità di autoconservazione del bambino.

Il caso di V.

V. di sette anni è un bambino precoce. Ha bruciato i tempi di crescita sia fisica che mentale. Ha un fratello di sedici anni con cui condivide la stanza da letto.
L'anno prima in occasione dell'inserimento in prima elementare patì un periodo di crisi durante il quale si rifiutava di andare

a scuola adducendo dolori vari e manifestando diverse paure soprattutto verso gli animali e nei confronti dei ladri, pur non avendo avuto alcuna esperienza diretta traumatica.
In quel periodo esigeva in continuazione la vicinanza della madre specie durante i risvegli notturni che diventarono assai frequenti e angosciosi. Il tutto migliorò dopo un graduale inserimento scolastico dove addirittura primeggiò nel profitto e dove socializzò molto bene dopo l'iniziale difficoltà.
La seconda crisi riapparve in concomitanza con tensioni famigliari tra i genitori per questioni di lavoro. V. riprese a svegliarsi la notte sempre più spesso e con crescenti paure.
Quando venne in visita con la mamma vidi un bambino tranquillo e ipersensibile, che raccontava volentieri le proprie esperienze e che mi segnalò lo spavento che gli faceva la tappezzeria del corridoio di casa quando con i riflessi della luce notturna, assumeva delle forme strane e spaventose; anche la presenza di un quadro molto cupo che stava appeso nel corridoio lo suggestionava perché ci vedeva immagini orrorifiche. Il bambino disse inoltre che dormire vicino alla porta lo spaventava perché si sentiva esposto.
Queste cose non le aveva dette alla mamma e in seguito il semplice scambio di letto con il fratello in una posizione più protetta nella stanza risolse il problema: V. non presenta più la paura dei ladri e non si suggestiona più.
In seguito il bambino ebbe altri episodi di paure forti risoltesi in breve con interventi di rassicurazione su di lui e sui genitori.

Nel prossimo capitolo e nel successivo passeremo in rassegna alcuni aspetti che riguardano la terapia e le risposte che i genitori possono ricevere se si rivolgono a un esperto per segnalare una problematica legata al sonno, sia nel campo di un approccio convenzionale che non convenzionale.

Dando maggior enfasi all'approccio non convenzionale, in ogni caso, non si è voluto assolutamente banalizzare né tantomeno ridurre di importanza la terapia farmacologica o psicologica corrente; si è voluto piuttosto cercare di dare un maggior numero di informazioni corrette su terapeutiche che, sebbene molto articolate ed efficaci, non godono di adeguati sostegni e riconoscimenti.

Anche nella recente diatriba sulla presunta inefficacia della medicina omeopatica – che solo in Italia coinvolge fra i 7 e gli 8 milioni di utenti – le informazioni che sono state diffuse dai media sono state spesso carenti e strumentali.

È giusto piuttosto ricordare che la Federazione Nazionale degli Ordini dei Medici fin dal 2002, così come succede nelle nazioni europee più evolute in ambito sanitario, ha riconosciuto l'omeopatia come atto medico, dopo averne valutato attentamente e a lungo le prove di efficacia clinica.

L'approccio convenzionale

Si intendono come convenzionali le indicazioni che vengono date comunemente dai medici di base, dai pediatri, psicologi, operatori vari e da tutte le persone che aderiscono a principi che sono propri delle comunità facenti capo culturalmente alle istituzioni mediche.

Ovviamente all'interno del mondo convenzionale osserviamo interventi diversi sia dal punto di vista umano che per quanto riguarda le qualità professionali, ma il principio che li accomuna su un piano terapeutico è l'intento di eliminare il problema.

❑ **L'approccio convenzionale si propone di eliminare il problema togliendo il sintomo.**

È lo stesso atteggiamento strategico che viene applicato nelle cure mediche da qualsiasi medico che opera sul territorio; il medico interviene con medicamenti che hanno l'obiettivo di togliere il sintomo fastidioso, in genere usando farmaci che abbiano una forza tale da superare quella del disagio patito.

Così la medicina ufficiale si pone anche nei confronti del sonno dei bambini, cercando essenzialmente di sopprimere il problema.

Non è solo un problema legato alla medicina. Nella cultura popolare infatti nei confronti della nanna esiste da sempre un "modus operandi" simile attraverso l'uso di sostanze che tendono a sedare il bambino, anche quando questi non manifesta un particolare disagio legato al sonno ma ha semplicemente dei risvegli che – come abbiamo visto – sono assolutamente normali, ma che producono però nei genitori un fastidio tale da ricorrere a un rimedio di volta in volta naturale, artificiale, alimentare...

Dovremmo quindi sfatare per prima cosa il luogo comune o comunque l'idea che tutto ciò che è naturale ed è legato al buon senso della tradizione è per questo leggero e innocuo, mentre solo i farmaci sono tossici. Basti pensare che uno dei rimedi più usati in passato per l'insonnia dei bambini, specialmente nelle nostre campagne è sempre stato il vino, e anche con un neonato usare qualche goccia di vino per farlo dormire è da sempre pratica non inusuale.

Su questa pratica, la medicina moderna arriva con farmaci sempre più numerosi e tossici, mirati alla sedazione dei bambini che vengono adottati per "risolvere il problema". I più comuni sono le benzodiazepine, utilizzate come ipnotici o in alcune situazioni tipo il pavor nocturno.

Sull'uso di questi farmaci c'è da dire innanzi tutto una cosa. L'uso di un farmaco "adatto" in dosi pediatriche è un aspetto importante affrontato dalla moderna farmacologia pediatrica che cerca di adattare le dosi al peso e all'età del bambino e il tipo di farmaco (deve essere più "leggero") al suo metabolismo.

Ora, uno dei motivi dell'insuccesso dei farmaci sembra proprio questo: il bambino essendo energeticamente più potente del farmaco, gli resiste e a volte non c'è dose che lo riesca a sedare. Una conferma di questa situazione la troviamo nel fatto che spesso l'uso di farmaci sedativi molto forti utilizzati per sindromi neurologiche o situazioni patologiche non semplicemente legate all'insonnia, non produce l'azione attesa anche se in alte dosi.

L'uso dei farmaci ipnotici porta poi a un inevitabile rallentamento della trasmissione nervosa e condiziona grandemente anche l'aspetto onirico. Questa azione non è stata sufficientemente valutata secondo l'aspetto formativo del bambino, ma il farmaco ipnotico produce comunque effetti non precisamente quantificabili, ma sicuramente negativi sul suo sviluppo neurologico.

❑ **Sempre più spesso si notano forti resistenze ai farmaci ipnotici: il bambino continua a essere insonne.**

Il modo di vedere convenzionale sta sempre più dando importanza alle cause genetiche. Così anche i sintomi psicologici più comuni e legati a un semplice cambiamento vengono troppo spesso attribuiti a cause genetiche.

Per esempio la Società di Urologia Medica afferma che fare la pipì a letto dopo i cinque anni è un problema collegabile a un'origine genetica. Sarà pur vero che in qualche caso è presente anche una famigliarità, ma certo così non si spiega perché l'enuresi notturna appaia sistematicamente in seguito a un evento che produce un turbamento emotivo nel bambino.

Le spiegazioni semplicistiche saranno anche rassicuranti per qualcuno, ma sono anche così lontane dalla realtà...

Il metodo convenzionale peraltro non si riduce all'approccio farmacologico, ma investe anche una certa tendenza psicologica; il tuo bambino non ha mai sonno? Fallo dormire in poche mosse. Il bambino è sempre sveglio? Non addormentatelo voi, deve riuscirci da solo... Ma come? Lasciatelo piangere e vedrete che prima o poi si calma.

La sequenza generalmente proposta è più o meno questa:

1. accompagnate il vostro bambino a letto, dategli la buona notte e lasciate la stanza;
2. se piange assicuratevi che non abbia qualche disagio fisico; se piange ancora calmatelo... e andate via;
3. se torna a piangere lasciatelo stare fino a quando si addormenta: la speranza è che il pianto duri sempre meno.

L'idea che viene sostenuta è di rendere autonomo il bambino attraverso la ripetizione di certi atti, come quando si insegna a un bambino a mangiare. Nel caso dello svezzamento all'inizio viene nutrito e lui percepisce l'atteggiamento di chi gli propone il cibo: se l'atteggiamento è di sicurezza e di sana abitudine, il bambino apprenderà facilmente, se invece gli vengono cambiati dei riferimenti oggettuali rimarrà perplesso e rallentato nell'apprendimento.

In realtà anche se è vero che i bimbi sono tradizionalisti, ripetitivi, amano avere accanto i loro oggetti e le loro abitudini sono sacre, dall'altro sono adattabili e mutevoli in misura della diversificazione degli stimoli, per cui un bambino abituato a mangiare un certo tipo di cibo da lui preferito, se non gli vengono proposte precocemente altre soluzioni, rimarrà ancorato e restrittivo nei suoi gusti anche in seguito.

Non esistono i bambini che disdegnano la frutta e la verdura, perché il bambino è naturalmente portato a nutrirsi di tali cibi, il problema è di chi non li propone in modo appetibile.

I sostenitori della "ripetitività del gesto" come elemento fondamentale nel condizionamento "pavloviano" nei confronti delle attività fisiologiche, estendono il discorso anche all'induzione del sonno: il dormire viene considerata un'abitudine, un po' uguale per tutti, di conseguenza basta abituare il bambino e lui sicuramente risponderà. Occorre dargli sicurezza, un succhiotto, qualche orsetto, e vedrete che il problema si risolve.

E se si sveglia poi la notte? Niente! Troverà i suoi oggetti transizionali e tutto felice tornerà docilmente rassicurato nel mondo dei sogni. E se piange e si dispera? No problem, basta lasciarlo sfogare, sarà dura la prima notte, la seconda anche, ma con il tempo vedrete che si abitua... Vedrete che in questo modo il vostro bimbo vi lascerà finalmente in pace!

I possibili contraccolpi

Cerchiamo di capire dove possono portare questi metodi.

Facciamo un passo indietro, considerando la struttura emotiva del bambino e la relazione che si instaura con l'adulto che lo accudisce. Il bambino fin dalla nascita emette segnali di soccorso attraverso il pianto. Il pianto è il messaggio istintivo che viene dato al mondo e il genitore lo recepisce altrettanto istintivamente con l'accudimento.

Il pianto ha però diverse connotazioni: può essere causato dalla fame, dal sonno, da un dolore, da un disagio, dalla noia, ma suscita sempre nell'adulto una risposta. Anche l'adulto infatti è condizionato primitivamente e la sua spinta assistenziale nei riguardi dei bambini è assolutamente istintiva.

Quando il messaggio del bambino non viene colto, per esempio al pianto notturno non si offre una risposta di vicinanza affettiva, anche l'adulto sopprime un suo istinto vitale che lo porta ad alzarsi stravolto nelle ore più assurde dopo aver lavorato una giornata intera.

Ma nel bambino cosa accade?

Non avendo più la risposta affettiva richiesta, comincerà a contare sulle proprie forze, accettando l'isolamento come una realtà necessaria alla sua sopravvivenza che viene sempre al primo posto nella scala dei bisogni vitali. Ogni bambino reagirà a queste procedure a suo modo, ma spesso in una direzione compensatoria, ossia chiederà maggior vicinanza nel corso del giorno fino a diventare "assillante" e con richieste affettive continue per lo più nei confronti della madre.

Un'altra reazione osservata di frequente nei confronti delle pratiche convenzionali di "educazione al sonno" è quella del "distacco": il bambino non si fida più... "Chiamo e nessuno viene" è quello che finisce presto per constatare, e in lui si assiste a una chiusura affettiva. Questa seconda situazione, peraltro, prelude a uno stato di precocità nello sviluppo della sua personalità e può venire ben accolto dai genitori che per maggior "comodità" desiderano un figlio autonomo, indipendente e rapidamente maturo.

Sul fronte affettivo tuttavia il bambino maturerà in questo modo facilmente una forma difensiva nei confronti di un mondo che nella sua componente istintiva non risponde ai suoi bisogni. Queste forme difensive possono essere di vario tipo, ma in tutti i casi il bimbo che poi diventerà adolescente e adulto sarà poco disponibile a fidarsi dei suoi simili: sarà un autarchico, magari di successo e di grandi capacità, ma pur sempre per certi versi affettivamente insicuro.

Non vogliamo naturalmente comporre dei facili automatismi psicologici ma l'osservazione evolutiva è di importanza vitale quando abbiamo a che fare con un bambino e con i suoi bisogni primari. E il sonno è uno di questi.

Il caso di E.

I genitori di E. (tre anni) esasperati dai suoi urli notturni si sono rivolti a una "sleep clinic" dopo aver adottato rimedi farmacologici e naturali senza risultato. Il consiglio proposto è stato quello di aiutarla a dormire da sola senza rispondere al suo pianto e

lasciandole nel letto il suo orsacchiotto come consolazione. "Abbiamo passato notti angoscianti con la testa sotto il cuscino, mentre la bambina urlante batteva la testa contro le sponde del suo lettino dopo che i suoi richiami sono stati sistematicamente disattesi come ci avevano consigliato".
Dopo una settimana però ha funzionato: la bambina era rimasta senza voce ma finalmente dormiva tutta la notte.
Noi la osservavamo con molti sensi di colpa. Il pediatra della "sleep clinic" era contento dei risultati perché l'abitudine dei risvegli notturni era considerata come un insieme di bisogni con risposte assistenziali eccessive da parte nostra. Egli affermava che aver interrotto i risvegli notturni è comunque un successo perché i bambini come gli adulti hanno bisogno di un sonno profondo senza interruzioni.
In effetti, nei mesi a seguire eravamo più riposati ma abbiamo notato che da allora la bambina è diventata più triste e solitaria. Non era più iperattiva e vivace come prima ma è diventata malinconica e appartata. Prima stava sempre con gli altri invece adesso preferisce giocare da sola e chiede sempre di vedere la Tv. Sarà una coincidenza? Ma noi rivogliamo la bambina di prima! Ci sembra di averle fatto qualcosa di male e senza possibilità di ritorno. Ci sentiamo in trappola: adesso dormiamo bene senza i suoi urli ma vedere la bambina così infelice è diventato insopportabile!

L'approccio non convenzionale

Uno degli elementi che qualifica la visione medica non convenzionale riguarda il tentativo di osservare la persona nella sua complessità e non solamente nella sua sintomatologia fisica. Il medico così preparato cerca inoltre di collegare i diversi eventi esistenziali e il comportamento umano ai sintomi che via via si presentano con l'obiettivo di capirli e di conseguenza curarli con i mezzi terapeutici che ha a disposizione.

Anche la medicina tradizionale cinese ha un approccio globale al malato e alla malattia e a livello terapeutico si propone anch'essa di equilibrare ciò che a livello generale è diventato disarmonico. Ma se l'agopuntura per evidenti motivi non è utilizzabile nei bambini, la medicina omeopatica e i rimedi naturali rappresentano strade molto più praticabili e utilizzate nei problemi che riguardano il sonno dei piccoli.

Inoltre così come abbiamo detto esistono terapeutiche psicologiche affini all'approccio convenzionale, altre sono più vicine a principi che regolano la medicina omeopatica o la tradizione medica ippocratica.

I fiori di Bach

Scoperti all'inizio del secolo dal dottor Edward Bach sono prodotti naturali derivati dall'infusione dei fiori in acqua sorgiva esposta al sole per diverse ore. Bach si era proposto di trovare piante medicinali semplici tali da permettere alle persone di autocurarsi. A questo proposito scrisse anche un testo, *Guarisci te stesso*, in cui descrive le cause delle malattie e i principi che portano alla guarigione.

Nel pensiero di Bach, elaborato a partire da una formazione

culturale omeopatica, le cause di malattia vengono individuate non tanto negli aspetti fisici – considerati piuttosto come il risultato di un processo articolato – quanto nella situazione psichica del soggetto che può, in caso di perturbazione, influire su tutta l'economia corporea.

Dunque, mentre nella medicina convenzionale si osserva una separazione tra il corpo e la psiche del soggetto, la metodologia messa a punto da Bach mette in relazione lo stato d'animo e gli elementi emotivi con i disturbi presentati.

La terapia con i fiori di Bach si propone di equilibrare e di armonizzare gli elementi emotivo-affettivi perturbati, migliorando così lo stato energetico e ristabilendo di conseguenza il benessere fisico perduto. È ovvio peraltro che i contenuti psichici devono essere comunque affrontati anche in altra sede e che la floriterapia si propone innanzi tutto di aiutare il soggetto a individuarli e a vederli meglio.

I medicamenti di Bach derivano da piante semplici, selvatiche e non velenose, si considerano privi di effetti collaterali e possono essere associati ad altre terapeutiche. Possono essere utilizzati da soli o in combinazione (ma è consigliabile non usare più di quattro rimedi contemporaneamente), a seconda delle preparazioni e delle indicazioni.

Si assumono sotto forma di gocce e vanno assunti sia episodicamente al bisogno (di solito due gocce in acqua) o più volte al giorno a seconda dell'intensità dei sintomi. In genere la somministrazione consigliata è di due-quattro assunzioni al giorno, meglio se al risveglio o prima di coricarsi e nel corso della giornata in tempi opportunamente distanziati.

Nel caso della somministrazione a bambini la princpale avvertenza è quella di evitare la somministrazione di preparati con alcool. Di solito infatti i rimedi di Bach prevedono l'utilizzo come conservante di una base alcolica (brandy o alcol) che tuttavia può essere sostituita da altri supporti meno tossici (per esempio l'olio di mandorle dolci).

❑ **Anche se concepita fin dalle origini per l'autocura, la floriterapia come tutte le terapie, andrebbe seguita da un esperto che valuta e gradua dosi, tempi, rimedi a seconda dei risultati e del-**

l'andamento dei sintomi, cosa che non è facile ottenere con la semplice autosservazione.

Per individuare il rimedio più utile si inquadra il problema che si vuole risolvere attraverso l'osservazione dei disturbi e del tipo di personalità. Ogni rimedio ha una serie di indicazioni in cui ci si può riconoscere.

Occorre prendere in considerazione che ci sono rimedi più "forti" e occorre seguire le indicazioni di compatibilità e arrivare con il tempo a delle combinazioni più favorevoli.

In linea di massima i fiori di Bach sono privi di effetti indesiderati anche se è difficile affermarlo in assoluto con certezza. Si consiglia un periodo di 15 giorni di applicazione all'inizio della cura ma può essere sufficiente anche una settimana a seconda della situazione individuale. In seguito la terapia può essere condotta per diversi mesi a seconda delle indicazioni più appropriate.

❑ I fiori di Bach sono usati con successo nei bambini e lo sono in particolare per i problemi emotivi legati al sonno.

Riportiamo ora i tratti salienti dei rimedi inglesi più comuni facendo riferimento all'immagine dello stato mentale che li caratterizza, specialmente in relazione con i problemi di insonnia.

Il composto più noto si chiama Rescue Remedy, ed è considerato un rimedio di pronto intervento. È un insieme di cinque fiori (è l'eccezione alla regola del non mescolare troppi elementi) ovvero di cinque proprietà diverse: Rock Rose per le crisi di panico, Cherry Plum per superare i pensieri negativi, sgradevoli e la paura di perdere il controllo, Star of Bethlehem per combattere lo shock, Clematis per aumentare la consapevolezza e la presenza, Impatiens per calmare lo stato di tensione, ansia e agitazione.

Ecco invece i rimedi semplici più indicati nei bambini.

❑ Agrimony (Agrimonia): nei bambini miti, socievoli, che soffrono molto i conflitti e diventano per questo insonni, angosciati e tormentati; questo soggetto nasconde dietro una apparenza allegra il dispiacere e la preoccupazione.

- Aspen (Pioppo tremulo): utile nei problemi di addormentamento in soggetti suggestionabili, con paura della solitudine, delle favole e degli spiriti.

- Beech (Faggio): utile nei bambini prepotenti, irritabili, scocciatori.

- Cherry Plum (Mirabolano): utile per i bimbi impauriti dalle "apparizioni" e nei casi di enuresi notturna.

- Chicory (Cicoria selvatica): è utile nei bambini che hanno sviluppato un attaccamento morboso e soffocante nei confronti dei genitori, in genere della madre. Sono i bambini che non possono dormire da soli e si spaventano se il genitore non è sempre presente.

- Clematis (Vitalba): è adatto a soggetti apatici, lenti, inclini a incidenti perché poco presenti; utile in quei casi in cui il bimbo sembra infelice e poco vitale.

- Holly (Agrifoglio): per i bambini provocatori, irascibili, gelosi, vendicativi.

- Larch (Larice): è adatto a bambini insicuri che non si sentono capaci e necessitano di protezione.

- Mimulus (Mimolo giallo): per bimbi che hanno paura del buio e della gente. Non vanno a letto volentieri perché la notte non è gradita.

- Scleranthus (Centigrani o Fiorsecco): in caso di instabilità, facilità al pianto, umore mutevole.

- Star of Bethlehem (Latte di gallina): è particolarmente adatto ai neonati specie se si sono verificati traumi alla nascita.

- Vervain (Verbena): per bambini ipercinetici, mai fermi, caricati a molla e resistenti al sonno; impulsivi, loquaci, non vogliono mai andare a letto e rilassarsi.

- ❑ Walnut (Noce): nei casi di insonnia in coincidenza della dentizione oppure nei disturbi del sonno causati da qualsiasi cambiamento come l'inizio della scuola o un cambio di abitazione.

- ❑ Red Chestnut (Ippocastano rosso): da dare ai genitori! Utile nei casi di un eccesso di protezione e attenzione nei confronti dei bambini che a loro volta sviluppano bisogni di vicinanza notturna continua verso i genitori.

Rimedi erboristici

I rimedi erboristici sono largamente utilizzati per i problemi del sonno dei bimbi. Le erboristerie sono da anni largamente diffuse nel territorio e in genere la preparazione degli erboristi è più che buona. Scadente è invece in genere quella dei farmacisti che commerciano rimedi erboristici; per lo più infatti non hanno cognizioni specifiche in materia erboristica e spesso anche nei confronti dei farmaci omeopatici si rivelano impreparati. Nelle note che seguono passeremo in rassegna velocemente alcuni rimedi fitoterapici fra i più comuni, ricordando sempre che ci troviamo in presenza di rimedi che possono aiutare nella soluzione di un problema che, se non episodico o legato a cause fisiologiche, deve trovare la soluzione su un terreno diverso.

I fiori d'arancio sono fra i rimedi più utilizzati; vengono somministrati in infusione leggera (un cucchiaio in una tazza d'acqua per 5 minuti) anche ai bimbi più piccoli. Hanno una discreta efficacia come calmanti e possono essere anche mescolati con altre erbe come la camomilla.

Anche la camomilla si prepara in infusione (un cucchiaino per 3 minuti in una tazza d'acqua calda), ma bisogna stare attenti a non prolungare troppo l'infusione per non rischiare un effetto paradosso: molti bambini infatti sono vittime dell'effetto eccitatorio prodotto proprio dalla camomilla concentrata.

Accanto alle infusioni, l'utilizzo di sciroppi, meglio se dopo l'anno di età, è in genere un mezzo efficace per proporre rimedi adatti per il sonno. Anche il miele come dolcificante può essere consigliato dopo l'anno (possiede anche un'azione rimineralizzante e espettorante).

Il tiglio è un rimedio erboristico particolarmente utile come rilassante anche della muscolatura liscia e può essere usato – così come la melissa – nei casi di coliche intestinali, mentre l'avena sativa aiuterà a dormire meglio specie nei casi di intossicazione alimentare o nei bambini mangioni.

Il biancospino (Crataegus) viene più usualmente combinato con i rimedi che abbiamo appena menzionato e oltre ad avere un effetto ipnotico armonizza l'attività cardiocircolatoria nei bimbi particolarmente agitati.

Ci sono poi diversi altri rimedi utili – come la passiflora, la valeriana, il luppolo – verso i quali un bravo erborista saprà indirizzare avendo cura di scegliere il più adatto al singolo caso in questione.

Anche l'uso dell'aromaterapia può rivelarsi prezioso. Per il nostro problema i fiori d'arancio e la lavanda sono gli oli più indicati anche per il loro profumo gradevole; vengono vaporizzati nell'ambiente e producono un leggero effetto rilassante. Un bagno caldo prima di coricarsi aiuta il rilassamento e anche in questo caso possiamo utilizzare essenze di tiglio e di fiori d'arancio per favorire il sonno.

È sempre raccomandabile impiegare prodotti di elevata qualità: in circolazione si trovano sempre più spesso prodotti manipolati, provenienti da ditte che usano procedimenti industrializzati e grossolani e quindi di qualità scadente (attenzione quindi anche ai prodotti in vendita nelle farmacie se non siete sicuri della professionalità erboristica del farmacista).

La forza medicamentosa del fitoterapico può essere molto ridotta nei prodotti qualitativamente scarsi pertanto l'efficacia del trattamento risulterà insufficiente.

L'osteopatia

L'osteopatia è una medicina che nasce dalle osservazioni sull'uomo e sulle sue potenzialità fisiche relative al movimento prodotte dal dottor Andrew Taylor Still. Egli partì dalla concezione che la vita umana si esprime attraverso il movimento corporeo. I movimenti che avvengono in continuazione nel corpo umano sono infiniti, alcuni sono più visibili e manifesti, altri invece più sottili e spesso inconsapevoli; esistono vari livelli di consapevolezza corporea e ognuno la esprime a suo modo. Se si conduce una vita scollegata dal proprio corpo le funzioni osteo-artro-muscolari vanno facilmente in tensione e producono problemi posturali, dolori muscolari, fasciali e così via.

Per la medicina osteopatica, qualsiasi trauma sia di natura fisica che emotiva o legata a fattori costituzionali può compromettere la mobilità corporea pregiudicando l'equilibrio dell'intero organismo, riducendo la capacità di risposta alle sollecitazioni esterne, con la relativa tendenza a recuperare una postura corretta.

Molto spesso l'energia vitale è in grado di riequilibrare il deficit prodotto dal trauma e ripristinare nell'area che ha subito il blocco un movimento fisiologico. L'osteopatia interviene qualora l'energia vitale del paziente non sia sufficiente a sbloccare la struttura che ha perso la sua naturale capacità di movimento. L'intervento dell'osteopata non si limita però a un aggiustamento meccanico della parte colpita ma tende a ripristinare l'intero assetto corporeo valutando la complessità scheletrica e intervenendo su parti che apparentemente non sono in stretta contiguità o relazione con la struttura che manifesta il blocco.

Questa visione complessiva è fondamentale nel valutare l'intervento terapeutico: l'osteopata è infatti l'interprete di questa impostazione globale e la sua esperienza lo porta a soggettivizzare sempre ogni caso clinico.

L'osteopata per diventare tale deve intraprendere un iter didattico molto articolato della durata di almeno sei anni e, anche se non è un medico, per la sua formazione necessitano conoscenze tecniche particolarmente approfondite.

La medicina convenzionale non ne riconosce il valore così come non riconosce l'azione del farmaco omeopatico: entrambe le medicine si muovono sulle energie sottili e non su quelle macroscopiche proprie dei trattamenti medici comuni.

L'osteopatia e i bambini

Il corpo umano custodisce la memoria della nostra storia fisica, della nostra eredità diretta e di quella più antica... fino a tutte le generazioni precedenti (è il concetto del *continuum*).

Guardando e toccando un bambino si percepisce direttamente la sua capacità vitale. Tutto nel bambino pulsa e si muove ritmicamente, tutto è fluido, intenso e vitale, il linguaggio del corpo è assolutamente efficace e diretto.

Rispetto all'adulto il bambino non nasconde, non manipola e manifesta direttamente la propria vitalità. Anche nei confronti delle malattie il bambino manifesta sintomi più violenti ma vitali, più rapidi e potenti; ed esprime con segni forti anche il più piccolo disagio (che per lui non è poi così piccolo).

Da questo punto di vista per esempio il pianto, l'iperattività motoria e verbale, le febbri alte sono segni di vitalità e non necessariamente devono preoccupare. Anche la perdita del sonno e dell'appetito, se occasionali, non devono in sé far pensare a qualcosa di anomalo; ma se le condizioni generali si compromettono e il bambino diventa astenico, disinteressato o particolarmente violento allora dimostrano un disagio che va affrontato.

Così come il corpo è in grado di mandare messaggi così è in grado di riceverli. I bambini sono molto sensibili al contatto e l'osteopatia è particolarmente adatta ad affrontare i problemi dei bambini. Al di là della tecnica usata tenete comunque in considerazione che massaggiare, accarezzare, cullare sono interventi alla portata di tutti, non solo di terapeuti esperti.

In un bambino, così come si può percepire chiaramente che tutto è in movimento, così altrettanto chiaramente si può percepire che una struttura è bloccata. Un trauma anche se modesto può influenzare anche parzialmente una struttura la quale con la sua immobilità può alterare l'intero equilibrio della persona.

La visita osteopatica consiste in una attenta anamnesi per conoscere la storia del bambino e poi in una approfondita analisi corporea che permette di individuare gli eventuali blocchi strutturali che possono produrre disagi anche molto forti.

L'osteopatia è una tecnica non invasiva, specialmente in ambito pediatrico, dove vengono applicate le tecniche craniosacrali, tecniche dolci di rilassamento basate sulla percezione della "respirazione craniosacrale", che a partire dalla scatola cranica si diffonde in tutto il corpo: consiste in un movimento sottile e ritmico che viene percepito manualmente.

L'osteopatia e i problemi del sonno

I problemi del sonno possono essere affrontati brillantemente con un trattamento osteopatico.Alcune delle cause dei disturbi del sonno nei bambini possono infatti essere attribuibili a piccole limitazioni della mobilità delle ossa craniche, della colonna vertebrale, del bacino, delle membrane craniali e spinali, che alterano l'equilibrio del sistema nervoso con le relative conseguenze sul sistema neurovegetativo e ormonale.

A volte causa di queste limitazioni può essere addirittura una malposizione fetale nell'utero o traumi al momento del parto o subito dopo, oppure predisposizioni congenite, cattive abitudini posturali, una risposta inadeguata a un vaccino, malattie varie, traumi emotivi...

Di solito in un bambino in buona salute si ripristina automaticamente il meccanismo cranico attraverso strategie inconsce di autocorrezione: per esempio succhiare il dito può essere a volte un mezzo per sollecitare la mobilità del palato e della sinfisi sfenobasilare che è alla base del funzionamento del meccanismo respiratorio primario.

Nei casi poi in cui non siano presenti problematiche particolari, che richiedano un approccio medico specifico, esistono delle possibilità di intervento attraverso forme di contatto con il bambino che possono agevolare il sonno.

In alcuni casi l'osteopatia non necessariamente interviene ma può dare qualche utile indicazione al genitore per applicare delle tecniche di rilassamento. Ecco qualche esempio.

❑ Appoggiando una mano sulla schiena del bambino potete sentire il movimento del suo respiro; accompagnatelo lievemente con la mano e cercate di sincronizzarlo con il vostro respiro: può rappresentare una pratica efficace di rilassamento.

❑ Specie se il bambino è molto piccolo potete, tenendolo in braccio, appoggiare una mano sotto il sedere con le dita rivolte verso la testa e l'altra mano a sostegno dell'occipite; avvicinate ritmicamente le mani e poi allontanatele leggermente. Il movimento deve essere lieve, applicando un ritmo lento.

❑ **Massaggiando il bambino leggermente sulla testa riuscirete a rilassarlo e a favorire l'addormentamento.**

Il massaggio del bambino è del resto tradizionalmente diffuso in Oriente, in questi ultimi anni si sta diffondendo anche in Europa. Molte ricerche cliniche hanno confermato quello che empiricamente era già manifesto: ovvero l'effetto positivo del massaggio sullo sviluppo psicomotorio del bambino fin dall'età neonatale.

Il massaggio genera uno stato di benessere che coinvolge anche il genitore, che debitamente istruito ha una occasione in più di entrare in contatto fisico ed emotivo con il proprio bimbo.

Ci sono diversi centri in cui si apprende il massaggio per bambini, per lo più ubicati nelle maggiori città italiane. Oltre al raggiungimento di un generico rilassamento e di uno stato di benessere, il massaggio può essere particolarmente utile al lattante nel corso delle crisi di pianto legate alle coliche gassose. Anche l'apparato circolatorio e la respirazione possono trarre giovamento da questa utile pratica.

Ma accanto al massaggio ci sono alcuni suggerimenti per rispettare gli elementi di crescita naturale capaci di favorire uno sviluppo armonico della struttura corporea e di conseguenza il ritmo più giusto nello sviluppo complessivo del bambino.

❑ **Allattate al seno il neonato per favorire la mobilità cranica e l'armonia ormonale e posturale, mantenendo le strutture in una posizione ottimale.**

❑ **Non tenete a lungo il bambino in una posizione prona (a pancia in giù) per non creare tensioni sulle vertebre cervicali e lombari.**

❑ **Far gattonare il bambino favorisce lo sviluppo motorio. L'armonizzazione motoria ha un riflesso positivo su tutta l'economia neurologica e, di conseguenza, sul sonno.**

❑ **Nel sollevarlo dalla posizione supina sostenetegli sempre la testa, girandolo preferibilmente su un fianco.**

❑ **Quando il bambino inizia a camminare porgetegli le mani stando davanti a lui: così facendo la colonna vertebrale trova il corretto allineamento gravitario.**

Questi consigli possono aiutare lo sviluppo posturale ed evitare piccoli traumi che provocano tensione a livello cerebrale favorendo così tutte le funzioni fisiologiche, sonno compreso.

La medicina omeopatica

Con il termine omeopatia si intende una metodica terapeutica che comporta l'uso di farmaci capaci i produrre nel soggetto sano gli stessi sintomi che occorre curare. Il farmaco omeopatico viene prodotto a partire da sostanze base di origine vegetale (Pulsatilla, Belladonna, Aconitum...), minerale (Sulphur, Phosphorus, Arsenicum album...) o animale (Apis, Lachesis, Vespa...).

I nomi dei preparati sono in latino e vengono seguiti nella commercializzazione da un numero che indica il dosaggio (5, 6, 7, 30, 200, M, XM e così via) e da cifre che indicano la scala usata nella preparazione farmacologica (CH, K, LM).

Il farmaco omeopatico per essere tale deve essere diluito e dinamizzato, ovvero sottoposto a scosse alternate a diluizioni in acqua che forniscono al farmaco una particolare energia adatta alla applicazione terapeutica.

La medicina omeopatica si è radicata dall'800 sia in Europa (in particolare Francia, Regno Unito, Germania), che in altri paesi specie dell'America Latina (come Brasile, Messico, Argentina), e in Oriente (India); attualmente sta vivendo un periodo di espansione notevole in quasi tutto il mondo.

Uno dei motivi di questa espansione è rappresentato non solo dalla sua validità terapeutica ma anche dai grossi limiti che la medicina moderna presenta di fronte a molti problemi quotidiani e soprattutto nelle limitazioni nella relazione fra medico e paziente che è spesso carente e ridotta ormai alla routinaria applicazione di un formulario e di un protocollo terapeutico. Di conseguenza i risultati curativi, non tanto della chirurgia quanto della medicina generica ufficiale caratterizzata dall'eccessivo e aggressivo uso di farmaci potenti e spesso iatrogeni, sono spesso riconosciuti carenti anche dallo stesso mondo scientifico.

D'altra parte le medicine non convenzionali seppur spesso non riconosciute dalle istituzioni scientifiche e giuridiche (come in Italia), garantiscono un approccio più umano e completo al paziente, creano meno effetti collaterali con i farmaci a disposizione e vengono pertanto in molti casi preferite a quelle istituzionali.

Esistono del resto – e non va dimenticato – possibilità di integrazione tra le diverse medicine anche se i principi che le regolano sono molto diversi. Spetterà al medico esperto la valutazione di quale strategia terapeutica praticare nei confronti di quel particolare caso.

Nell'omeopatia classica il trattamento farmacologico comporta l'individuazione di un singolo rimedio per ogni caso. La scelta della cura viene quindi fatta attraverso l'analisi e la valutazione delle caratteristiche personali del soggetto da trattare.

La visita omeopatica

Il medico omeopatico ascolta e scrive ciò che gli viene esposto riportando le parole del paziente e non le proprie interpretazioni. Il racconto spontaneo è il momento più delicato e utile di tutta la visita in quanto la persona riporta i sintomi che più lo preoccupano e che più saranno tenuti in considerazione dal medico. Non ha importanza se nella narrazione non viene seguito un filo logico o cronologico perché i collegamenti delle sensazioni e dei ricordi del paziente seguono un percorso che sarà utilizzato dal medico nella comprensione del caso. Il medico deve semmai cercare di non condizionare il paziente e non influenzarlo nella sua esposizione in quanto tutte le domande dirette o ogni domanda che suggerisce una risposta, finiscono con diminuire la spontaneità e la comprensione del paziente.

La relazione tra medico e paziente è molto importante nella medicina omeopatica classica. Il medico non è solo lo specialista che dà indicazioni e ordini o a cui si affida interamente la propria salute e il paziente non è l'oggetto passivo della cura, ma svolge un ruolo più responsabile e collaborativo.

Per questo la visita omeopatica richiede tempo e partecipazione e una certa disponibilità a comunicare con il medico.

Abbiamo citato il termine omeopatia classica; esiste infatti anche un'omeopatia "moderna", che si avvale di principi diversi, più attinenti a un metodo convenzionale e che somministra i medicamenti omeopatici in funzione di ogni singolo disturbo in quel determinato paziente; ne consegue che verrà data una cura per il mal di testa, una per l'anemia, una per l'insonnia... Potrete accorgervi della differenza tra i due metodi proprio dal numero di farmaci somministrati: l'omeopata classico (o unicista) ne sceglie uno per volta, l'altro ne dà un numero maggiore applicando criteri più simili al metodo convenzionale che a quello omeopatico.

L'omeopatia e il sonno dei bambini

La medicina omeopatica è molto richiesta e utilizzata nell'affrontare i problemi pediatrici, non da ultimo l'insonnia dei bambini. Ed in effetti le richieste di un intervento omeopatico per la risoluzione del sonno del bambino sono sempre più frequenti. Anche in questo caso tuttavia non esiste un rimedio specifico per l'insonnia, ma centinaia di possibilità terapeutiche che scaturiscono dalla valutazione delle diverse situazioni costituzionali e sintomatologiche che i bambini presentano.

Per esempio la Coffea (il caffè omeopatico, che normalmente è uno stimolante e produce eccitazione) può essere utile nei bambini ipereccitabili, iperattivi, euforici, che soffrono di situazioni anche gioiose ma che vivono costantemente in uno stato di attività emozionale e di ipercinesia che impedisce loro il sonno, con palpitazioni, ipersensibilità ai rumori, scosse muscolari, tremori...

Diversamente da quanto accade con i fiori di Bach la scelta del rimedio omeopatico deve tenere conto anche delle caratteristiche generali del soggetto ed è perciò più complessa.

La scelta di un rimedio per l'insonnia deve valutare i sintomi più caratteristici che non sono riferibili unicamente al sonno ma a un complesso di elementi che si riferisca alla biografia del soggetto.

❑ **La scelta del farmaco omeopatico è strettamente individuale ed è connessa con elementi che uniscono la storia del soggetto con i suoi sintomi, indagando i nessi che determinano la perturbazione del sonno.**

Così, anche nella raccolta delle informazioni riguardanti il vostro bambino che necessita di un aiuto omeopatico, vi verrà richiesta una certa partecipazione nel ricostruire e nel comprendere le motivazioni e gli sviluppi delle problematiche legate al sonno.

Come già accennato l'omeopata classico darà al bambino un rimedio unico, o un rimedio per volta aspettando dopo ogni somministrazione un esito valutato complessivamente.

Il rimedio unico ricercato è il farmaco "di fondo" che dovrebbe sanare una determinata tendenza costituzionale.

Per esempio i bambini che necessitano di Calcarea Carbonica (un farmaco derivante dal guscio dell'ostrica) presentano un deficit assimilativo. Sono molti i neonati che hanno bisogno di questo rimedio che contiene diversi minerali ma per lo più calcio, elemento fondamentale nella strutturazione ossea, nella trasmissione nervosa, nella coagulazione, nella funzione renale, nella contrazione muscolare...

Neonati con una carenza assimilativa di calcio dalla nascita hanno problemi nell'assimilazione del latte, presentano un ritardo nella chiusura delle fontanelle, un ritardo nell'apprendimento psicomotorio, una dentizione difficile e tardiva e così via. Un po' tutte le funzioni del bambino che necessita Calcarea Carbonica sono rallentate e il bambino si presenta flaccido, freddo e sonnolento; i sintomi peggiorano d'inverno, ed è evidente una spiccata tendenza a sviluppare problemi respiratori da raffreddamento, tonsilliti ecc.

La risoluzione di un problema di lentezza, torpore e sonnolenza in un bambino avviene di pari passo con il miglioramento complessivo delle condizioni del soggetto, che dopo la somministrazione del rimedio adeguato migliora gradatamente e si ammala meno, diventa più vitale, comunicativo, attivo nel movimento ecc.

La valutazione dell'andamento dei sintomi spetta all'omeopata ma anche ai genitori, che non sono soggetti passivi ma collaborano per il raggiungimento di una condizione di salute migliore del proprio bambino.

Il caso di W.

W. ha dieci anni ed è un bambino molto impegnato e sollecitato. Oltre alla scuola frequenta corsi di educazione musicale, acquerello e nuoto. Anche i suoi genitori sono molto attivi, conducono una vita molto impegnata su vari fronti, specialmente in ambito sociale.
Nella primavera scorsa il bambino improvvisamente iniziò a svegliarsi ripetutamente in uno stato di angoscia. Anche a scuola il bambino manifestava assenze e stravaganze insolite.
La famiglia indagò senza successo eventuali problemi connessi con il suo stato psichico finché, dopo ripetuti tentativi, la maestra riuscì a capire attraverso un disegno agghiacciante la paura del bambino nei confronti della guerra che era da poco scoppiata in Iraq.
Il bambino dopo aver parlato con i genitori e dopo la prescrizione omeopatica di Pulsatilla 200 CH in monodose, ha potuto trovare un po' di tranquillità e allontanare lo spettro delle armi di distruzione di massa, frase che aveva orecchiato più volte ai telegiornali e di cui aveva chiesto spiegazioni che lo avevano ancor più terrorizzato.

Perché non esistono metodi e risultati sicuri

Un bambino che piange viene tranquillizzato quando un adulto si prende cura di lui, affettuosamente e con calma. Se invece l'adulto è teso e ansioso produce l'effetto opposto, il bambino non si sente protetto e rassicurato. Questo è un segnale forte di quanto i bambini siano in connessione emotiva con il mondo esterno e quanto siano dipendenti dall'umore dei loro genitori.

Abbiamo cercato di inquadrare i disturbi del sonno indotti dai disagi altrui e segnalato più volte quanto sia sottovalutata la componente emotiva. In queste situazioni occorre quindi chiedersi: come stanno i genitori (e gli eventuali fratellini)? Ci sono cause che stanno dietro i comportamenti ansiosi? Sono eccessivamente logorati, insicuri, litigiosi, scontenti, irritabili? Ci sono problemi seri tra di loro o sul lavoro? O i nonni sono malati o c'è qualche altra preoccupazione?

Le situazioni affettive sono quelle più perturbanti e meno individuabili in quanto i famigliari stessi tendono a minimizzare – o viceversa a drammatizzare – alcune condizioni di disagio: avere un atteggiamento sano ed equilibrato è comunque cosa rara e preziosa e correggere in corso d'opera, specie con figli piccoli e urlanti, i propri squilibri esistenziali è d'altra parte necessario ma molto impegnativo.

Oltre alle situazioni emotive abbiamo anche affrontato quelle ambientali. Ci dobbiamo in questo caso interrogare sulle condizioni in cui vive il bambino. Com'è il suo lettino? E la casa? Sta vicino a fonti di rumore come la televisione? È disturbato da qualcosa? Fino ad arrivare alle condizioni fisiche: ha mal di pancia? Ha la febbre? Ha freddo? Sta mettendo i denti?

Ma al di là di tutto questo, una cosa tengo in generale a consigliare per la salvaguardia del sistema famiglia: il sonno della madre è sacro e deve essere protetto.

Nelle varie età i bisogni di sonno e gli atteggiamenti del bambino cambiano e molto rapidamente. Gli adulti devono, a volte loro malgrado, adattarsi a queste evoluzioni e cercare di parlare con i fatti più che con prediche, tanti discorsi o minacce. Un bambino è un universo di emozioni, di eventi fisiologici, di funzioni e di reazioni. Ogni evento, ogni sintomo, ogni manifestazione ha delle cause, delle motivazioni. È impensabile quantificare e qualificare le variabili che incidono su qualsiasi funzione, tantomeno sul sonno.

L'esperienza ci insegna che sono infinite le situazioni e che ogni caso portatore di un problema va affrontato come se fosse un caso unico e irripetibile.

Come abbiamo visto, esistono certamente dei consigli utili in generale da applicare nel caso ci sia un problema del sonno, così come ci sono indicazioni terapeutiche nel caso che si valuti un intervento più specifico in campo medico.

Ma cosa è normale nel bambino? Cosa è normale in *quel* bambino? E che cosa non lo è? Quando si deve considerare l'esistenza di un problema del sonno su cui intervenire davvero? Come intervenire?

Esistono degli approcci nei confronti del sonno dei bambini che ritengono che la condizione "normale" sia che un bambino vada a coricarsi tutto allegro verso le 8,30 senza far capricci, si metta il pigiamino senza far storie, dorma nella propria culla o nel lettino sempre da solo e al buio, si addormenti per conto suo, dorma 10-12 ore di seguito bello bello, senza interruzioni.

Qualsiasi genitore sa che si tratta di condizioni assai lontane dalla realtà e che se davvero rappresentassero la regola o la maggior parte dei casi sarebbe veramente preoccupante: i vostri bambini sono umani e non marziani.

Porsi a priori questi risultati come obiettivo attraverso l'utilizzo di tecniche specifiche può portare a una strumentalizzazione dei dati e dei risultati. Molti articoli e trattati sul sonno dei bambini, non a caso, partono proprio dall'intenzione di dimostrare il funzionamento di un metodo piuttosto che dall'osservazione oggettiva e senza pregiudizi dei bambini stessi.

Abbiamo visto che i problemi di disturbo del sonno possono essere legati a particolari condizioni fisiche e contingenti; o avere altre cause, più o meno profonde, più o meno evidenti. Nella maggior parte dei casi dei problemi più comuni, l'applicazione di alcune semplici regole può risolvere in breve il problema a patto che ci sia identità di vedute e concordia fra i genitori e che lo scopo principale non sia l'eliminazione del sintomo ma il riequilibrio del ritmo sonno/veglia nel bambino.

In ogni caso ricordate sempre alcune semplici regole:

❑ Un determinato metodo può funzionare in certi casi e non in altri.

❑ Se il problema del sonno migliora ma nel bambino subentra uno stato di agitazione o di tristezza in relazione al metodo che viene applicato, il disagio non può essere considerato come risolto.

E soprattutto:

❑ Diffidate sempre delle soluzioni facili, assolute e garantite.

Bibliografia

Scientifica

Nathanielsz W.P., *Un tempo per nascere*, Bollati Boringhieri, Torino 1995

Enciclopedia di Puericultura. Il bambino da 0 a 6 anni, Garzanti, Milano 2002

La grande enciclopedia del bambino, Sfera, Milano 2002

Haslam D., *Sleepless children*, Long Shadow Books, New York 1984

Anders T.F., Guilleminault C., *The pathophysiology of sleep disorders in pediatrics*, "Advances in pediatrics, revue", 1976

Bernal J., *Night waking in infants during the first 14 months*, Dev. Medical Child Neurology, 1973

Moore T., Ucko C., *Night waking in early infancy*, Arch. Diseases Children, 1957

Broughton R., *Sleep disorders: disorders of arousal?*, in "Science", 159, 1968

Carey W, *Night watching and temperament in infancy*, J. Pediatrics, 1974

Parmalee A.H., *Infant sleep patterns from birth to 16 weeks of age*, British J. Med. Psychol., 1964

Dement W.C., *Introduzione allo studio del sonno e dell'attività onirica*, Zanichelli, Bologna, 1977

Schwarz-Tiene E., *Manuale di pediatria*, Editrice Ambrosiana, Milano 1993

Pedagogica

Comprendere il vostro bambino, Le nuove guide del Centro Tavistock, RED Edizioni, Como 1992-1994

Solter A. J., *Il bambino consapevole*, Edizioni la Meridiana, Molfetta 2002

Novara D., *Bambini ma non troppo*, Edizioni la Meridiana, Molfetta 2000

Liedloff J., *Il concetto del continuum: ritrovare il ben-essere perduto*, Edizioni la Meridiana, Molfetta 2000

Honegger Fresco G., *Un bambino con noi*, RED Edizioni, Como 1997

Bronfenbrenner U., *Ecologia dello sviluppo umano*, Il Mulino, Bologna 2002

Bouton J., *Pedagogia del sonno*, RED Edizioni, Como 1996

Dolto F., *Le parole dei bambini*, Mondadori, Milano 1991

Bettelheim B., *Un genitore quasi perfetto*, Feltrinelli, Milano 2003

Camaioni L., *L'infanzia*, Il Mulino, Bologna 1997

Estivill E., de Bejar S., *Fate la nanna*, Mandragora, Firenze 1999

Cobb E., *Il genio dell'infanzia*, Emme Edizioni, Milano 1982

Fordham M., *Il bambino come individuo*, Vivarium, Milano 2000

Montagu A., *Saremo bambini*, RED Edizioni, Como 1992

Piaget J., *La rappresentazione dello spazio nel bambino*, Giunti-Barbera, Firenze 1981

Reich W., *I bambini del futuro*, SugarCo, Milano 1994

Valeri V., *Gioco*, vol. VI dell'Enciclopedia Einaudi, Torino 1981

Vygotskij L.S., *Il gioco e la sua funzione nello sviluppo psichico del bambino*, in "Riforma della scuola", 7, 1979, pp. 41-50

Psicologica

Lugaresi E., Olmicini L., *Il sonno, il sogno. Un mondo misterioso*, Sperling & Kupfer, Milano 1999

Carotenuto A., *La nostalgia della memoria*, Bompiani, Milano 2003

Carotenuto A., *La strategia di Peter Pan*, Bompiani, Milano 2001

Fenichel O., *Trattato di psicoanalisi delle nevrosi e delle psicosi*, Astrolabio, Roma 1951

Sears W., *Genitori di giorno e... di notte*, Edizioni L.L.I., 2004

Lavery S., *Dormire bene*, Tecniche Nuove, Milano 1997

Figes K., *Generazione mamme*, Net, Milano 2004

Jowitt M., *Childbirth unmasked*, Wooller, Lodge and Arms, Shrops 1993

Kitzinger S., *Il bambino: il primo anno di vita*, Mondadori, Milano 1995

Madsen L., *Rebounding from Childbirth toward Emotional Recovery*, Bergin and Garvin, Wesport 1994

Douglas J., Richman N., *Se mio figlio non dorme*, Franco Angeli, Milano 1994

Sposato E., *La medicina ritrovata: guarire con i fiori di Bach*, Xenia, Milano 1998

Feher L., *The Psychology of Birth*, Continuum, New York 1980

Gray P., *Crying Baby, how to Cope*, Wisebury, London 1987

Kirkland J., *Crying and Babies: Helping Families Cope*, Croom Helm, Dover 1985

Purves L., *Come non essere una madre perfetta*, Sperling & Kupfer, Milano 1988

Miller A., *The Drama of Being a Child*, Virago, London 1997

Miller A., *La persecuzione del bambino. Le radici della violenza*, Bollati Boringhieri, Torino 2003

Hillmann J., *Puer Aeternus*, Adelphi, Milano 2003

Jung C.G., *Lo sviluppo della personalità*, Bollati Boringhieri, Torino 1999

Lichtenberg J.D., *La psicoanalisi e l'osservazione del bambino*, Astrolabio, Roma 1988

Schoenberger Mahler M., *Le psicosi infantili. Simbiosi umane e vicende...*, Bollati Boringhieri, Torino 1982

Salzarulo P., Giganti F., *Il sonno del bambino*, in "Psicologia contemporanea", 186, novembre-dicembre 2004, pp. 12-18

Winnicott D.W., *Dalla pediatria alla psicoanalisi*, Psycho di Martinelli, Firenze 2001

Stern D.N., *Il mondo interpersonale del bambino*, Bollati Boringhieri, Torino 2002

Non convenzionale

Goebel W., Glockler M., *La salute del bambino*, Armando Editore, Roma 1994

Zur Linden W., *Il tuo bambino, attesa, nascita, prima infanzia*, Filadelfia Editore, Milano 2002

Hahnemann C.F.S., *Organon dell'arte di guarire. L'opera capitale dell'omeopatia*, VI ed., RED Edizioni, Como 1998

Grandi V., *I bambini e l'omeopatia*, Xenia, Milano 2000

Bourgarit R., *Omeopatia per i vostri bambini*, RED, Milano 2005

Acerra L., *Quando, come e perché ricorrere alle vaccinazioni*, Demetra, Colognola ai Colli 2002

Mijnlieff M.M., *Manuale di floriterapia*, Xenia, Milano 1999

Scheffer M., Storl W.D., *Le piante per la psiche*, Nuova Ipsa, Palermo 1999

Scheffer M., *Uso pratico dei fiori di Bach*, Tea, Milano 2004

Belli R. (a cura di), *Assistenti personali per una vita indipendente*, Franco Angeli, Milano 2000

Indice

Parte seconda: Che fare?

Titoli in collana

Monica Toselli
ADOTTARE UN FIGLIO

Sergio Segantini
DORMI DORMI PICCOLINO

Manuela Rosci
GENITORI SI DIVENTA

Giovanni D'Agostini
GLI ANNI DELL'INQUIETUDINE

Jolanda Stevani
MAMMA È BELLO!

Paolo Sarti
NEONATI MALEDUCATI

Anna Oliverio Ferraris
NON SOLO AMORE

Manuela Rosci
SCUOLA: ISTRUZIONI PER L'USO